# AFFAIRE de M^lle Henriette ROUX

Cour impériale
DE PARIS

PREMIÈRE CHAMBRE

Présidence
DE
M. DEVIENNE
premier Président

M. OSCAR DE VALLÈE
1^er Avocat général

CONTRE

## Madame de SERS

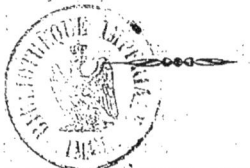

*1189*
*1866*

## QUELQUES PIÈCES ET DOCUMENTS

Ces pièces et documents sont destinés à justifier la demande formée par mademoiselle Henriette Roux en nullité des dispositions testamentaires de son frère Jean-Bapt'ste Roux, dit Edouard Roux, en faveur de madame de Sers.

Edouard Roux est décédé le 4 juin 1864, chez M. et M^me de Sers, au château de Madon (Loir-et-Cher), où il se trouvait depuis plusieurs mois dans le plus grand état d'affaiblissement de ses facultés physiques et mentales.

Une demande en interdiction avait été dirigée contre Edouard Roux quelque temps avant sa mort ; c'est au château de Madon qu'il avait subi, au mois d'avril précédent, l'interrogatoire que la Cour va trouver nombre des pièces mises sous ses yeux.

Après le décès d'Edouard Roux, M^me de Sers a représenté et déposé deux testaments olographes, l'un portant la date du 9 septembre 1861, l'autre du 15 septembre 1863, tous les deux l'instituant légataire universelle de celui qui venait de mourir dans sa demeure.

C

Le premier de ces testaments conçu en termes fort laconiques ne figure pas au procès. M<sup>me</sup> de Sers l'a laissé de côté, lorsqu'elle a demandé l'envoi en possession, auquel s'est opposée M<sup>lle</sup> Henriette Roux. Ce testament semble placé à l'arrière-garde, comme un argument destiné à appuyer le second; mais la vérité est que, s'il n'est pas directement invoqué par M<sup>me</sup> de Sers, c'est qu'il importe à celle-ci de ne pas trop attirer l'attention sur cette pièce que son état matériel et les diverses circonstances qui seront signalées à la Cour, rendent singulièrement suspecte d'être en réalité d'une création postérieure au testament qui porte la date du 15 septembre 1863.

Le second testament, seul versé au procès, est argué de nullité, comme ne pouvant être l'expression d'une volonté saine et libre. Les diverses causes qui doivent en faire prononcer la nullité seront exposées à la Cour.

Mais le fait que M<sup>lle</sup> Henriette Roux croit pouvoir relever comme le plus significatif, comme démontrant de la manière la plus certaine, l'oblitération des facultés de son frère au moment où il a transcrit les deux testaments dont est armée M<sup>me</sup> de Sers, c'est que ni dans l'un, ni dans l'autre de ces testaments, Edouard Roux n'ait laissé un souvenir à une sœur qu'il n'avait cessé d'aimer et de protéger, à une sœur qu'il savait devoir se trouver dans la situation la plus précaire, si, après sa mort, il la privait de l'assistance, que de son vivant il n'avait cessé de lui donner.

§

Edouard Roux était né à Bordeaux en 1796; il avait un frère aîné, prénommé Frédéric ou Fédéré; sa sœur Henriette est née environ dix ans plus tard en 1805. Jeunes encore, ils avaient eu le malheur de perdre leur père; ils n'avaient point de fortune; leur modique patrimoine se réduisait en quelque sorte à une petite propriété, située dans l'arrondissement de Bordeaux et portant elle-même le nom de Roux. La plus grande union régnait dans cette famille. Edouard Roux eut le privilége de recevoir une bonne éducation, il avait d'heureuses facultés, il en profita, il fit des études brillantes, tant au lycée qu'à l'école de droit. Intelligent, actif, laborieux, il vint se fixer à Paris, s'y créa un cabinet, ne tarda pas à se trouver mêlé à de grandes affaires, fit des spéculations avantageuses et finalement acquit une fortune considérable. Cette fortune était déjà acquise pour la plus grande partie dès l'année 1845, époque où il quittait le barreau, pour entrer dans le conseil d'administration du chemin de fer de Paris à Strasbourg.

Son frère et sa sœur restés près de leur mère avaient mené une existence plus modeste; mais arrivé à la fortune, leur frère, Édouard n'avait cessé de leur témoigner son affection et de leur venir en aide. Il avait acheté successivement diverses propriétés joignant la petite propriété patrimoniale où se faisant suite les unes aux autres, et il en avait formé un ensemble. L'un des domaines ainsi acheté, le domaine de Brown, situé sur la commune de Léognan contenait une maison d'habitation en meilleur état que celle qui se trouvait à Roux. Edouard engagea sa mère, son frère et sa sœur à venir s'y installer; et c'est ce qui eût lieu. M⁻ Roux, mère, mourut en 1846 : la lettre écrite à cette occasion par Édouard Roux à sa sœur montre toute la douleur qu'il éprouva et contient l'assurance de toute sa sollicitude pour la sœur et pour le frère qui lui restaient. Ceux-ci continuèrent à habiter Léognan. Édouard Roux avait aussi acheté, à quelque distance des propriétés qu'il avait ainsi groupées autour de la propriété patrimoniale, un domaine de quelqu'importance appelé Cave, situé sur la commune de Villeneuve d'Ornon et de Cartaujac, auquel il a ajouté encore depuis des prairies d'une grande valeur. L'étendue des propriétés acquises par Edouard Roux l'amena à prendre un régisseur. Ce régisseur, Mathieu Seurin, était d'abord placé sous la surveillance et sous la direction de Frédéric Roux; mais la santé de Frédéric s'altéra, il fut atteint d'une longue maladie qui dura plusieurs années et qui finit par l'enlever au mois d'août 1860. Au cours de cette maladie, la tâche et l'influence du régisseur prirent des développements, qui donnèrent, un instant de l'ombrage et des préoccupations au frère et à la sœur d'Edouard Roux.

Dans cette conjoncture, ils crurent devoir recourir à un intermédiaire, à un ami commun, M. Faye, avocat à Bordeaux. M. Faye écrivit à Édouard Roux, celui-ci répondit en termes qui, s'ils établissent qu'il éprouva un peu de contrariété de ce que son frère et sa sœur ne s'étaient pas adressés directement à lui en toute confiance, prouvent en même temps que, malgré ce léger nuage, ils devaient toujours compter sur lui; et les faits qui suivirent vinrent confirmer cette assurance. Édouard Roux avait cru que sa sœur désirait quitter sa résidence champêtre pour aller habiter Bordeaux, il s'y était opposé, il fut obéi.

Frédéric mort au mois d'août 1860, M<sup>lle</sup> Henriette Roux a continué à demeurer seule sur le petit domaine de Léognan. Les nouvelles lettres qu'elle a reçues de son frère Édouard, à partir de cette époque, sont, comme les précédentes, pleines de sentiments affectueux et propres à lui donner toute sécurité pour l'avenir.

Cependant les dispositions testamentaires qu'Édouard Roux est censé avoir faites en faveur de M<sup>me</sup> de Sers, auraient pour conséquence de réduire M<sup>lle</sup> Henriette Roux à un état voisin de l'indigence, et sans savoir où chercher un asile, elle se trouverait obligée de quitter ce domaine de Léognan sur lequel elle a vécu, sur lequel Édouard Roux avait voulu qu'elle continuât à vivre.

Est-ce là le sort qu'Édouard Roux, sain d'esprit, la mémoire présente, aurait réservé à une sœur de qui il avait reçu et à qui il n'avait cessé de donner des témoignages de tendresse et dont il était l'unique soutien?

Ceci dit, voici les quelques pièces et documents dont l'objet après cette espèce de préface sera plus facilement saisi par la Cour :

# I

Lettres d'Édouard à son frère Frédéric et à sa sœur Henriette
du 5 juillet 1828 au 28 octobre 1827 (1)

Paris, 5 juillet 1828.

Mon bon ami,

Il m'est impossible de t'exprimer ce que ta lettre me fait éprouver, je tâcherai d'être calme en te répondant. Je ne connais pas M. de Ramsault ; le portrait que tu m'en fais ne me déplaît pas ; mais son âge ?.....

J'ignore les dispositions d'Henriette. Comment pourrai-je dans une affaire si délicate et si importante donner un avis sûr ? Voici pourtant les réflexions que je dois te soumettre et que m'inspire ma bien vive amitié pour notre sœur.

M. de Ramsault ne peut désirer cette union que par suite d'une inclination bien prononcée et par le désir de faire le bonheur d'Henriette. M. de Ramsault est-il digne d'apprécier *les rares qualités d'Henriette, de voir tout ce qu'il y a d'élevé et de généreux dans le caractère de notre chère sœur, de sentir tout ce que son cœur a de bon ?* Si M. de Ramsault est homme à se diriger dans cette occasion par les motifs que je viens d'exprimer, il peut faire oublier son âge.

---

(1) Il est bien entendu qu'il a été impossible de retrouver toutes les lettres écrites par Edouard Roux à son frère et à sa sœur ; c'est ainsi qu'il existe une lacune de 1857, où s'arrête cette première série, à 1860, époque à laquelle appartiennent d'autres lettres ci-après publiées.

D'un autre côté, Henriette croit-elle pouvoir trouver un ami dans M. de Ramsault ? N'éprouve-t-elle aucun éloignement à cette union ? C'est à elle seule de répondre à cette question.

Mais il est bien certain que dans un semblable mariage, tout intérêt d'argent, tout motif qui ne serait pas généreux et désintéressé doit être éloigné, et que la moindre apparence d'une intention équivoque à cet égard devrait être un obstacle insurmontable.

Si tu reconnais dans M. de Ramsault ces sentiments d'un homme de cœur et d'honneur qui, connaissant bien la position où nous sommes, ne cherche que le bonheur d'Henriette, les obstacles dont tu me parles ne sont que des inconvénients auxquels il faut se soumettre, mais qui ne devraient rien changer au fond des choses.

Henriette serait obligée d'aller rester avec M\*\*\* de Ramsault. Cette séparation serait cruelle, mais elle ne devrait pas être un obstacle. Henriette a trop de bonté et d'esprit pour ne pas reconnaître bientôt tout ce que sa position lui commanderait d'égards et de ménagements pour M\*\*\* de Ramsault qui, elle-même, d'après ce que tu m'as dit, mettrait du sien.

La seconde partie de ta lettre désenchante la première. Il faut cependant être bien fixé sur ce point. Y a-t-il dévouement complet, n'existe-t-il aucune vue d'intérêt, est-on complètement désintéressé ? Est-ce une inclination bien vraie, bien généreuse qui détermine M. de Ramsault ?

Dans ce dernier cas, mon ami, c'est à notre sœur à se déterminer. La position où nous sommes est affreuse : Henriette trouvera quelque adoucissement à cette position et pour le présent et pour l'avenir. Cet avenir sera moins cruel pour elle : le dévouement d'un ami véritable a du charme, et sur cette terre nous ne faisons pas notre destinée ! Ce que nous avons à faire, toi et maman, c'est de nous assurer qu'il n'entre dans la pensée de M. de Ramsault aucune espèce de calcul et que dans sa résolution il y ait autant de vrai dévouement qu'il y a de générosité dans le cœur d'Henriette.

Le reste, mon ami, est l'œuvre de la Providence à qui je demande sa protection pour notre chère Henriette.

Si, comme tu me l'annonces, la demande est faite et le mariage arrêté, tu voudras bien me dire ce qui vous sera nécessaire et à quelle somme tu peux évaluer les dépenses indispensables ; il ne faut pas de retard, je ferai des efforts pour assurer le plus promptement possible le sort de notre chère Henriette, Je ne veux pas que vous regardiez comme un obstacle, comme la cause d'un retard, des dépenses auxquelles j'espère, qu'à l'aide de quelques amis, je pourrai parer. Sur ce point comme sur tous les autres j'attends ta réponse dans une grande anxiété.

J'écris à M<sup>lle</sup> de Ramsault à l'occasion de son affaire, tu penses bien que j'ai l'air de tout ignorer auprès d'elle. Je lui annonce qu'il m'est impossible d'espérer de pouvoir vous aller embrasser cette année. Ma présence est absolument nécessaire ici. Adieu, bon ami, ne nous décourageons pas, Dieu ne nous abandonnera pas. Je vous embrasse de tout ce que j'ai de cœur.

Signé : Ed.

Paris, 9 août 1828.

*Il me serait impossible, chère Henriette, d'exprimer tout ce que me fait éprouver ta dernière lettre. J'approuve assurément ton admirable conduite et je suis tout fier des sentiments qui sont dans ton cœur, de l'énergie et de la noblesse de ta réponse.* Sur ce point nous nous entendons parfaitement et ton cœur te l'avait dit avant moi, n'est-il pas vrai ?

Cependant je ne peux pas croire aux motifs apparents de la conduite de M. R.....; très-sûrement ils ont été trompés, ils ont eu la faiblesse de céder à des craintes chimériques et la légèreté de les laisser apercevoir d'une manière peu digne d'eux ; je veux croire que leurs torts ne sont que ceux-là et qu'au fond ils sont restés les mêmes ; ils connaissaient notre position financière à l'époque des premières démarches, conséquemment ce n'est pas l'intérêt qui les guide aujourd'hui comme leur conduite semblerait l'indiquer ; je le répète, il y a là-dessous du bavardage, du commérage qui leur a monté la tête, le temps et la réflexion leur démontrera ce qu'ils doivent penser de leurs procédés, du moins, j'ai cette bonne opinion de leur cœur. De notre côté ne brusquons rien ; conservons le calme de la raison et la dignité qui nous convient en présence de ce que nous devons regarder comme erreur, légèreté ou irréflexion, avec les gens qui sont bons, mais faibles, susceptibles d'impressions faciles, il faut opposer le calme et la douceur. Point d'aigreur, rien de ce qui pourrait ressembler à de l'humeur ; forçons-les à reconnaître eux-mêmes leurs torts et pour cela ne les leur reprochons pas ; qu'ils voient le mal qu'ils nous font, mais ne blessons en rien leur amour-propre, faisons leur sentir notre supériorité sans vouloir en tirer avantage ; alors s'ils sont véritablement ce que je les crois encore, ils seront les premiers à apprécier leur conduite.

*Je reviens avec plaisir aux sentiments que tu m'exprimes, la Providence ne nous abandonnera certainement pas, restons fidèles aux bons sentiments qui sont dans nos cœurs et aux généreux exemples qui nous ont été donnés ;* comme tu me le dis fort bien, notre position quoi qu'il arrive sera heureuse. Le contentement de la conscience est le premier bien, le plus solide. J'écris à Frédéric et je lui parle de M. B., je l'ai retrouvé dans cette occasion tel que je l'ai toujours connu, c'est un excellent homme. Malheureusement il s'est entremis dans tout cela des gens qui ont tout gâté, enfin voilà les choses fixées et c'est un grand poids de moins.

Je te dirai que des affaires importantes viennent de m'être remises et si, comme je l'espère, elles réussissent, nous aplanirons bien des difficultés et lèverons de grands embarras. Mon cœur est plein de joie en vous annonçant cette nouvelle, tu vois bien que la Providence ne nous abandonne pas, c'est une centième preuve de ce que j'aime à répéter souvent avec reconnaissance. *Adieu, chère Henriette, je ne peux pas dire que je t'aime davantage, mais c'est toujours autant.* Je te quitte pour écrire à Frédéric. Je vous embrasse tous de tout mon cœur.

Signé : Ed. Roux.

*Nous serons bien près du 15 quand tu recevras cette lettre. Je te souhaite une bonne fête et c'est de bien bon cœur que je prierai pour toi, que je demanderai pour toi du bonheur à ta sainte patronne.*

Paris, 11 juillet 1829.

Je viens de dire à Frédéric que je voulais te remercier, ma chère Henriette et t'embrasser une fois de plus pour la lettre que tu m'as envoyée. Les vœux que tu fais pour moi sont les mêmes que je fais moi-même pour Henriette.

Nos cœurs s'entendent bien et remercions la Providence de ce bonheur, en remettant le reste entre ses mains. Restons dignes de sa bonté, sa bonté ne nous manquera pas. Je pense avec plaisir au moment de vous revoir. Je ne saurais te parler d'autre chose. Ce moment n'arrivera jamais assez tôt. *Adieu, chère Henriette. Aime ton frère comme tu l'aimes. Il ne changera jamais pour toi.*

Signé : Ed. R.

---

Paris, 8 février 1830.

*Pourquoi donc ce pénible souvenir, chère Henriette ? Moi je ne me souviens que de vos bontés, de vos tendresses ; sois donc tranquille sur l'accueil que j'ai reçu de vous. Il a été tout aimable et je n'ai emporté que le regret de sa trop courte durée.* Je vois avec peine que votre isolement complet du reste des humains. Il me semble qu'au lieu de chercher un prétexte pour ne pas aller chez les personnes qui te réclament et dont l'amitié te plaît, il faudrait tâcher de trouver les moyens de te rendre à leur invitation. Ce voyage te plaît-il ? Écris-moi sur ce point et parle-moi avec confiance. La société des arbres est, en effet, bien champêtre, mais un peu monotone et surtout bien froide en hiver. Je vous ai bien plaint pendant cette saison si rigoureuse. J'espère que l'année prochaine vous serez mieux abrités et que le poste sera mieux tenable.

N'oublie pas de me parler de ton voyage au château de....., en Périgord.

Tu me parles des lectures que tu as faites, de manière à me prouver que tu en as recueilli des fruits. Cependant, remarque bien que dans les histoires il faut considérer deux choses : les gouvernants et les gouvernés. Presque toutes les histoires ne parlent que des gouvernants : ces pauvres gouvernés sont toujours là pour mémoire seulement. Il y a donc une sorte d'injustice à les juger avec rigueur uniquement sur les faits et gestes des gouvernants qui ne sont pas leurs faits et gestes. Aussi, toutes les fois que je lis une histoire, j'éprouve de vives impatiences, car je ne trouve pas ce que je cherche, la vie d'un peuple, et je rencontre à chaque ligne ce que je ne prise pas le plus, ce qui m'intéresse le moins, à savoir : la vie de ceux qui commandent, qui ordonnent et qui, dans l'ordre éternel de la Providence, n'ont été créés et mis au monde que

2

pour servir les peuples au lieu d'en être les propriétaires. Voilà une leçon d'histoire que je confie à tes méditations : c'est un point de départ.

Il faut, dans nos amis R., ne voir que leur cœur ardent, leur amitié toute de cœur ; le reste doit disparaître : d'ailleurs, s'ils sont susceptibles, si nous reconnaissons les inconvénients de cette susceptibilité, raison de plus pour avoir

sions ainsi. Je t'embrasse de cœur. Tout à toi.

Signé : Ed. R.

---

Paris, 20 février 1831.

*J'espère, ma chère Henriette, que dans les lettres que j'adresse à Frédéric, tu prends ton bon tien. C'est bien ainsi que je l'entends :* Voilà qui explique mon silence à ton égard. Je pense bien que tu ne m'en veux pas ; tu sais quelle est mon amitié pour toi.

Je suis extrêmement occupé de mes affaires, d'abord et ensuite de celles de l'État en ma qualité de garde national ; il ne faut pas que cela te fasse rire, car un garde national est un personnage aujourd'hui fort important. Nous avons été toute la semaine sous les armes, jour et nuit, pour gens qui n'en font pas leur métier, la vie de soldat n'est pas précisément amusante. Enfin cela est passé jusqu'à nouvel ordre ; nous voilà assez tranquilles.

Je vois avec plaisir que Gradignan prendra un nouvel aspect et que désormais on n'y gagnera plus de fluxions ni de maux de dents ; c'est un bénéfice que tu parais avoir eu le privilége de faire ; tu t'en verras privée sans peine, n'est-il pas vrai ? *Adieu, chère Henriette, mon amitié est toujours la même. Tu sais qu'elle est vive et bien sincère.*

Signé : Ed. R.

---

Paris, 12 mars 1831.

Je suis tout à fait de ton avis, *ma chère Henriette* ; aussi, me suis-je empressé d'aller chercher moi-même des nouvelles de M^me R. de R, pour te mettre en

mesure d'en donner à sa sœur. M$^{me}$ de R. était sortie ; elle se porte bien ; elle a été enrhumée, mais pas malade à donner des inquiétudes. On doit être parfaitement rassuré. J'ignore ce qui a pu donner lieu aux lettres écrites de Paris ; ce qu'il y a de certain, c'est que mes questions ont paru fort étonner le portier à qui je me suis adressé et qui me répondait toujours : Mais madame n'a pas été malade ; elle est comme de coutume.

Je suis charmé des dispositions de nos bons villageois : qu'ils continuent d'aimer la patrie, ils feront rougir, je l'espère, ceux qui auraient bien plus de raisons d'aimer cette patrie qui les comble de bienfaits. La guerre va enfin nous débarrasser des peureux et des intrigants ; ces gens-là ne se montrent que lorsqu'il n'y a que profit à recueillir ; au jour des dangers on ne sait plus ce qu'ils sont devenus. Le règne des gens de cœur va, je l'espère, commencer. Les étrangers auront bientôt leur compte réglé. Quant à moi, modeste garde national, même sans moustache, je ne peux prendre qu'une part bien mince à tout ce qui va se faire ; mes vœux bien sincères, bien ardents, accompagneront nos braves : France et Pologne seront vengées.

Plus tard nous ferons disparaître le reste de vétustés qui encombrent Gradignan, il faut agir prudemment même en faisant bien. *Embrasse Fédéré et maman de tout mon cœur : dis-leur que je les aime bien et ils seront moins tristes j'en suis sûr. Tout à toi.*

Signé : Ed.

Paris, le 25 juin 1831.

*En t'adressant pour moi à tous les saints, ma chère Henriette, je vois bien ta prédilection pour celui qui m'a été donné pour patron : je t'en remercie cordialement. Il avait à l'avance exaucé tes vœux, ce qui ne diminue en rien la reconnaissance que je leur conserve. Ma santé est complétement rétablie. J'ai été assez gravement malade, la fièvre s'obstinait à ne pas me quitter, mais le quinine l'a emporté, mes forces sont revenues. J'ai tout oublié, excepté les soins de mes amis qui ont été tels qu'il ne faut pas les appeler des étrangers. Il est impossible d'être plus assidûment tendre et attentif qu'ils ne l'ont été. Ne parlons plus de maladie, avec ma bonne santé cela ferait un trop grand contraste.*

Je viens d'écrire à Fédéré une grande lettre qui m'a fait perdre l'heure du courrier ; cette lettre éprouvera donc le retard d'un jour, il faut t'en avertir pour ne pas donner au facteur un tort ce plus ; il paraît qu'il en a assez comme cela.

Il me tarde de savoir que Gradignan est tel que je voudrais qu'il fût. J'espère que cela sera avant longtemps, mais jamais assez tôt. Ménage ta santé, ma chère Henriette, préserve-toi de ces fluxions qui reviennent trop souvent, je m'en suis débarrassé, car j'y étais aussi sujet, en ayant soin de brosser mes dents deux ou trois fois par jour avec une brosse forte et de l'eau fraîche, le remède est simple, il n'en est que meilleur. *Adieu, chère Henriette, tu as raison de m'aimer, car je te le rends bien ; reçois autant de baisers que tu m'en as envoyés et d'aussi bon cœur. Ton frère.*

Signé : ED. R.

———————

Paris, 3 janvier 1834.

*Je te remercie, ma chère Henriette, des vœux de bonne année que tu m'adresses, tu as raison de croire que nos cœurs se comprennent ; puisque ce que tu me dis est aussi ce que je suis pour toi. Je me plains de ce que tu ne m'écris pas assez souvent et j'èspère que, cette année, tu seras moins sobre de lettres ; je ne me contente pas de ces quelques lignes que l'usage amène : je veux des lettres, m'entends-tu ? des lettres.*

J'ai été en effet bien malade ; mais la Providence a voulu que je me rétablisse tout à fait. Aujourd'hui, ma santé est excellente et je remercie le ciel de tout mon cœur, le séjour de Madère m'a été bien salutaire, j'y ai repris mes forces ; sans cela j'aurais été languissant pendant tout l'hiver

Je suis dans un nouveau logement très-grand, très-bien aéré, préférable à mon dernier appartement qui était un petit entresol ; j'occupe un grand premier, ma santé s'en trouve bien, c'est important ici, un logement car on est bien souvent chez soi.

J'aurai bien du plaisir à vous revoir ce printemps, ce qui est décidé, s'il plaît à Dieu, car il faut que cela lui plaise. Nous ferons de grandes promenades ; tu me feras faire connaissance avec un côté du pays que je ne connais

pas du tout. Cette dernière acquisition que j'ai faite donne, je crois, aux précédentes une plus grande valeur. Il me semble aussi que cette propriété importante doit devenir véritablement belle ; tous les éléments de prospérité s'y trouvent et certes le zèle et l'intelligence pour les exploiter ne manquent pas.

*Adieu, ma chère Henriette, je te renouvelle ma recommandation de m'écrire ; nous verrons si l'autorité fraternelle a de l'empire sur toi.*

*Je t'embrasse de cœur.*

Signé : E.

---

Paris, 2 mars 1834.

Je croyais recevoir une lettre aujourd'hui de toi, mais l'heure du courrier est passée. Ces occupations sont bien ennuyeuses qui t'empêchent de trouver un petit moment pour causer avec moi. Alors que tu auras un commis, j'espère qu'il n'en sera pas ainsi. Tu ne nous as pas encore annoncé le départ définitif d'E., il doit cependant être en mer ; son pauvre père est bien souffrant de le voir courir ainsi les hasards d'un si long voyage, tandis qu'il lui serait si facile de trouver le bonheur à ses côtés. Toute la famille est affligée de le voir s'éloigner, pauvre garçon. Puisse-t-il revenir avec une tête plus calme ! Dans sa dernière affaire avec MM. Balguerie, les torts étaient du côté de ces derniers ; il me semble qu'ils ont voulu tirer une vengeance qui était bien petite.

Je présume que tu m'annonceras dans ta prochaine que tu as reçu la caisse que je t'ai expédiée, tu auras soin de vérifier si tous les objets dont je t'ai remis la note s'y trouvent et ton avis sur chacun d'eux. Si j'avais eu des fonds j'aurais acheté ces jours-ci un bronze charmant qui n'eût pas coûté cher, 250 francs, exécuté dans la perfection et d'un goût exquis. Mais je crois qu'il faut songer aussi à quelques petits objets d'un besoin plus pressant, nous en parlerons une autre fois.

Voilà le carnaval à sa fin, je ne m'en suis pas beaucoup aperçu, en sorte que le carême m'est à peu près indifférent ; et vous, comment l'avez-vous passé ? On n'a jamais plus dansé ici.

Tu ne me parles plus des affaires de la Raf. As-tu vendu beaucoup ? Je suis impatient de voir le rég.

Je te fais cette lettre bien à la hâte parce que je ne veux pas laisser priart le courrier d'aujourd'hui et que l'on m'attend. Adieu, cher ami, je te renouvelle tout ce que M. d'E. et sa famille m'ont chargé de t'adresser d'aimable et je t'embrasse pour mon compte de tout mon cœur.

*Embrasse notre chère mère et Henriette.*

Signé : ED.

---

Paris, 27 janvier 1839.

J'ai reçu, *ma chère Henriette*, la lettre que tu m'as écrite le 21 de ce mois, *tu ne saurais douter des sentiments d'affection que je te porte, et l'expression de ceux que tu éprouves me fait toujours plaisir.*

Au point où les choses en sont venues avec les gens qui habitent les environs de la Lande, il n'y a qu'une seule manière d'agir, c'est de livrer les uns à la justice et d'obtenir contre les autres toutes les réparations possibles ; c'est par la crainte qu'il faut agir sur tous, mais il faut avoir soin d'avertir l'autorité afin de trouver son appui au besoin. Quelle canaille !

J'ai eu ici la visite ou plutôt les visites d'un monsieur qui s'appelle Basch, il m'a offert d'abord ses services pour la vente des vins, ensuite il m'a dit qu'il était lui-même marchand et m'a demandé de faire mettre des marchandises chez moi. Cela m'a paru tellement étrange que j'ai conçu des soupçons sur ce monsieur. Il est venu me dire hier qu'il partait pour Bordeaux ; dans la crainte qu'il n'aille vous voir et vous dire tout autre chose que ce qui s'est passé entre nous, je t'ai donné le présent avis.

J'ai dit à ce monsieur que s'il voulait vendre des vins pour moi, je les lui porterais avec une réduction de 10 pour 100 de mes prix courants, mais au comptant. Voilà tout ce qui a été dit, il ne faut pas être la dupe de ce monsieur dont je me défie depuis l'offre de mettre chez moi ses marchandises. Drôle de corps !

*Adieu, chère Henriette, je t'embrasse de cœur.*

Signé : ED.

Paris, 16 août 1839.

Je ne demande pas mieux, *ma chère Henriette.* que de conclure l'affaire dont tu me parles dans ta lettre.

Je vois tous les avantages qui en résulteraient pour moi et je ne crains qu'une chose c'est qu'elle ne se fasse pas ; il ne faut pas que les obstacles viennent de nous. Je consens à faire les réparations nécessaires pour rendre les bâtiments soit de Barthez, soit de Malartic solides ; qu'ils prennent ce qu'ils voudront. Quant au prix je m'en rapporte à celui que vous fixerez ; vous êtes sur les lieux, et savez mieux que moi ce que cela vaut.

Mais voici ce que je vous recommande :

Vous assurer de la solvabilité de cette corporation ;

Vous assurer de la moralité : si en effet on nous mettait là quelques douzaines de mauvais garnements qui dévasteraient tout, nous aurions à nous repentir de ce voisinage.

Mais si ce sont des gens honorables, ayant un but honorable, des intentions sérieuses de travail, si la moralité de ces gens et de l'entreprise est établie et satisfaisante, il faut être très-coulant sur les conditions et je vous laisse de les régler comme voudrez. Il faut même travailler à conclure avec eux, car ce serait pour moi un immense avantage. Je compte, au surplus, aller à Bordeaux vers la fin du mois de septembre, mais s'il est possible d'aller en avant tout de suite dans le cas où cela paraîtrait convenir, il ne faut pas m'attendre.

Il pleut ici depuis deux jours ; je désire qve vous soyez favorisés de la même pluie.

*Mille amitiés de cœur.*

*Ma chère Henriette,* ta lettre du 30 août vient de m'être remise.

———————

Tours, 2 septembre 1839.

Je suis impatient d'apprendre que l'affaire de ferme est conclue : il faut faire attention aux obligations que je contracterai. Sans doute, je désire faire tout ce qui sera possible ; mais ce possible doit avoir des bornes. Il me semble au surplus que vous entendez cette affaire comme moi. Il faut faire faire les réparations immédiatement après la signature du bail. Je vous enverrai des fonds pour cela. Pour ces réparations il faut faire des marchés à forfait et ne pas s'embarquer dans des prix de journée et fixer un délai pour les achever.

Il faut songer aux barriques, puisque les vendanges approchent. Je paierai dans les premiers jours d'octobre et s'il était plus avantageux de payer plus tôt, j'enverrais l'argent que tu me dirais nécessaire.

Si M<sup>mes</sup> Lambert étaient raisonnables j'achèterais leur bien qui me convient; si en effet elles veulent de moi pour acquéreur, je le deviendrai, le tout est de s'entendre.

Je voudrais aussi le reste de bien de M<sup>me</sup> Heno ; si je traite avec M. l'abbé, cela est nécessaire pour la ferme ; il faut sonder adroitement cette dame à ui je laisserai son habitation, sa vie durant. Cette acquisition a de l'importance pour l'avenir. Il faut tâcher de nous l'avoir.

Je serai ici pour quelque temps, je t'avertirai du jour où je quitterai Tours.

Je compte toujours aller à Bordeaux dans les premiers jours d'octobre.

Le temps ici est à la pluie ; le vin, le peu de vin qu'il y aura sera excellent ; le raisin est presque mûr et superbe.

*Adieu, mille amitiés de cœur.*

P. S. J'aurai du vin à vous demander pour plusieurs personnes contentes de celui qu'elles ont reçu.

---

Tours, 9 septembre 1839.

*Ma chère Henriette,* je vais quitter Tours dans quelques instants. Je serai ce soir chez M. d'Etchegeyer au château de Madonoir où je te prie de m'écrire jusqu'à ce que je te donne nouvel avis.

Si, avant les premiers jours d'octobre, il vous fallait de l'argent, je vous en enverrai par la poste.

Il faut préparer une forte quantité de vin ordinaire ; j'aurai à expédier suivant.des ordres qui me sont donnés près de cinquante barriques de 1836 et quinze pièces de 1834 : il faut préparer tout cela.

Il faut mettre en bouteilles deux barriques de 1834.

Il faudrait que tout cela fût préparé pour mon arrivée qui aura lieu du 3 au 5.

Maintenant il faut adresser par le roulage ordinaire :

1° A M. de Lapparent, préfet à Bourges, quatre pièces de vin rouge à 100.

2° A M. Boucheron à Tours, une barrique aussi à 100.

3° A M. Aigre, libraire à Tours, rue Royale, une barrique également à 100.

Si pour 10 francs de plus par barrique, on peut avoir du vin un peu supérieur, il faudrait en envoyer une barrique à M. Bucheron au lieu de celle de 100.

Faire de même pour M. de Lapparent, ce serait alors cinq pièces à 110 au lieu de cinq pièces à 100.

4° Vingt-cinq bouteilles de vin rouge Leognan, 1834 à 1 fr. 25, pour M. Bucheron dont j'ai déjà parlé.

Pour le paiement de tout cela, il faudra tirer comme on l'a fait au 10 novembre.

*Adieu chère Henriette, mille amitiés de cœur.*

---

Château de Madon, 18 septembre 1839.

*Ma chère Henriette*, je crois que les propriétés des dames Lambert me conviendraient. Mais je ne voudrais pas les payer pluscher qu'elles ne valent et puis je voudrais acquérir d'une manière sûre : ces dames peuvent-elles vendre tout ? J'avais entendu parler de mineurs ou d'absents ? Qu'y a-t-il d'exact ? Comme je ne connais pas ces propriétés, je ne peux pas dire si 1,600 fr. et 3,000 fr. c'est trop. Je ne peux que m'en rapporter à ce que vous ferez, s'il faut terminer avant mon arrivée ; mais il est essentiel de bien s'assurer des droits de ces dames, peut-être aussi se contenteront-elles de 1,500 francs. Enfin il faut faire pour le mieux.

3

Je ne pourrai rester à Bordeaux que très-peu de jours, je te recommande tout ce que je dis dans ma dernière lettre. J'aurais voulu avoir un devis des réparations à faire à Malartic.

*Adieu, ma chère Henriette, mille amitiés de cœur.*

P. S. Il faut m'envoyer les factures et les traites pour les vins de Tours et de Bourges.

----

Paris, 10 janvier 1840.

*Je te remercie, ma chère Henriette, de la lettre que tu m'as écrite. Quoique je sache combien sont sincères et ardents les vœux que tu formes pour moi, leur expression néanmoins m'a fait un vif plaisir.* Vous n'êtes pas je l'espère inquiets sur ma santé. J'ai été assez gravement malade, mais, Dieu merci, je vais bien et suis en grand train de guérison complète.

J'ai été bien soigné : j'ai ici de nombreux et excellents amis qui en cette occasion m'ont donné de nouvelles preuves de leur attachement

*Je n'ai pas besoin de te dire que de mon côté je ne suis pas moins occupé de vous et de votre bonheur et que mes vœux aussi ont rencontré les vôtres partant du même cœur.*

Je suis très-étonné d'apprendre que vous avez du mauvais temps : ici le temps est magnifique depuis plus de quinze jours ; depuis trois ou quatre jours seulement il fait un beau froid.

*Adieu, ma chère Henriette, quand tu n'auras rien de mieux à faire, écris-moi de longues lettres et sois à l'avance assurée du plaisir que tu me feras.*

*Mille amitiés de cœur.*

----

Paris, 14 janvier (1)

*Ma chère Henriette*, il faut bien te garder de répondre quoi que ce soit à une

----

(1) 1840 ou 1841.

semblable lettre qui n'est qu'un piége : Le silence seul convient en pareille oc
casion. Je te remercie de m'avoir consulté à cet égard, et je te recommande,
quoi qu'on puisse t'écrire, de garder le même silence ; car j'imagine, d'après ce
que je viens de dire, que l'on fera tous les efforts possibles pour obtenir de toi
ne serait-ce qu'une ligne ; mais, encore une fois, ne donne pas dans le piége et
ne réponds pas. Un seul mot de toi serait compromettant et ajouterait encore
aux désagréments de cette triste affaire.

*Adieu, ma chère Henriette, mille et mille amitiés.*

––––––––––

Paris, 3 juillet 1846.

Comme vous, mes amis, je reste accablé sous ce grand malheur, le plus grand
de tous, nous n'avons plus de mère, nous étions si heureux d'elle il y a quelques jours.

Pleurons et prions ensemble, là est toute la force qu'il nous faut pour sup-
porter une si profonde douleur. Pensons que pendant que nous pleurons notre
mère si chérie ici-bas, elle prie au ciel pour nous qui avons toujours rempli son
cœur et toutes ses pensées. Rappelons-nous sans cesse, cette vie que son ar-
dente tendresse pour nous agitait sans cesse, plus que jamais souvenons-nous
que c'est à son dévouement de tous les instants, à sa fermeté d'âme que son
amour maternel seul égalait, que nous devons ce que nous sommes, unissons-
nous plus encore, si c'est possible pour la pleurer. *Que du Ciel où elle est, elle
nous voie ne faisant qu'un cœur, qu'une âme pour chérir sa mémoire, comme nous la
chérissons elle-même, pauvre mère aimée, du courage, mes amis, du courage. Tu as*
été bien bon pour moi et je t'en remercie de tout mon cœur, *embrasse Henriette.*

––––––––––

Paris, 29 juillet 1846.

Je ne t'ai pas écrit depuis plusieurs jours, parce que j'ai été accablé d'affaires,
ma retraite forcée pendant quelque temps est cause de ce surcroît d'occu-
pation.

Je suis plus content de ma santé et j'espère pouvoir me mettre en route dans quelques jours ; *s'il plaît à Dieu je serai auprès de vous à la fin de cette semaine*, *malheureusement il ne me sera pas possible de faire un séjour de plus de vingt-quatre* *heures*, ma présence ici est absolument indispensable, prépare à l'avance toutes les affaires dont nous avons à parler.

Il serait inutile d'entrer dans des détails aujourd'hui quand nous pourrons si prochainement nous entendre.

*Je vous embrasse de cœur.*

Paris, 6 janvier 1848.

*Je te remercie, ma chère Henriette, des vœux que tu m'adresses : je crois à leur* *sincérité, aussi je ne veux voir dans ta lettre que leur expression,* et passer tout le reste sous silence.

Il faut toujours chercher à se rendre bien compte de ce que l'on fait et de ce que l'on dit ; il faut avec grand soin éviter les écarts d'imagination, on ne regrette jamais d'avoir été réfléchi, raisonnable.

Passant de ces généralités à l'explication :

Je t'engage à faire comme moi, quand il me vient des rêves de position meilleure, plus brillante, etc., etc., alors pour calmer mon imagination, pour ramener mon esprit à la vérité, je rappelle le passé, je cherche dans les lointaines années de ma vie, ce que j'étais, ce que j'avais à souffrir, à quelles privations j'étais réduit ; comparant tout cela à ce que je suis, à ce que j'éprouve, je me trouve bien plus heureux que je ne croyais et je me tourne vers la Providence pour la remercier, la bénir, lui demander pardon de mes injustes mécontentements.

Je te recommande cette manière d'agir et alors à la place de tous ces sentiments désordonnés, tu ne trouveras dans ton cœur que la reconnaissance et du bien-être, tu sauras mieux apprécier le présent et tu verras l'avenir sous ses couleurs vraies.

*Ne doute pas, ma chère Henriette, que mon affection ne soit pour toi ce qu'elle a toujours été , tu me trouveras toujours le même.*

*Je t'embrasse.*

Paris, 23 juin 1852.

*Je te remercie, ma chère Henriette, des vœux que tu fais pour moi, je reconnais ton cœur et tout ce que tu me dirais, serait plus faible que ce que je sais de ton amitié. Je dis dans ma lettre à Frédéric que j'espère pouvoir vous embrasser ces vacances. J'aime à vous renouveler l'assurance de faire tout ce que je pourrai pour avoir ce plaisir, je sais que cette nouvelle est celle qui peut te plaire le plus. Tu vois que je te connais bien.*

J'ai fait un beau et bon voyage en Angleterre. J'ai vu un admirable pays, d'une supériorité bien marquée presqu'en tout et partout ; il me tardait de revoir ce beau soleil de France que rien ne peut remplacer. J'oublie, ma chère Henriette, qu'il est près de cinq heures et qu'il importe que ma lettre parte aujourd'hui. *Adieu, je t'embrasse de cœur.*

Paris, 28 juin 1853.

*Je te remercie, ma chère Henriette, de la lettre que tu m'as écrite, tu as raison de dire que toutes les époques sont les mêmes pour l'expression de notre amitié, elle fait toujours un égal plaisir ; je n'en suis pas moins reconnaissant des vœux que tu m'adresses à l'occasion de ma fête.* C'est à Léognan que j'aurais voulu les recevoir ; mais il faut se courber sous la nécessité. Je suis charmé d'apprendre que l'air de Léognan est excellent ; la maison m'a paru très-saine. C'est, en effet, le ciel qui envoie les moissons ; c'est donc lui qu'il faut remercier des belles apparences de cette année. Un troupeau était une chose essentielle à la culture des terres que j'ai achetées ; j'espère que tout ira bien et que dans peu d'années ces acquisitions deviennent productives, le succès est dans les soins qui seront donnés et sous ce rapport je dois être tranquille.

As-tu commencé à lire les livres que je t'ai apportés ? Il y en a de bien intéressants et dont la lecture m'a bien amusé.

*Je songe au plaisir que j'aurai à vous revoir et surtout à l'époque où il me sera possible de rester quelque temps avec vous,* mais avec les affaires, quand on en a beaucoup et Dieu merci j'en suis là, il est difficile de savoir longtemps à l'avance ce que l'on fera.

*Il faut donc espérer, et c'est ce que je fais en attendant le bonheur de vous embrasser.*

---

Paris, 21 décembre 1855.

Je ne pressentais que trop bien la marche de cette cruelle maladie, ma présence aurait causé une émotion qui ne pouvait être que funeste, le danger est encore plus grand aujourd'hui ; il faut maîtriser autant que possible sa douleur en prodiguant tous les soins à Frédéric, efforce-toi de ne laisser paraître aucune inquiétude, rassure-le, éloigne de lui ce qui pourrait fortifier ses craintes ; c'est surtout à cela qu'il faut veiller avec grand soin, abstiens-toi de m'indiquer ce que j'ai à faire et informe moi bien de tout ce qui se passe dans cette si douloureuse situation.

---

Paris, 28 décembre 1855.

Je me réjouis de ce mieux soutenu qui doit nous faire espérer une prompte convalescence ; il n'en faut pas moins continuer d'éviter soigneusement à Frédéric tout ce qui pourrait l'agiter ou l'émouvoir.

Il m'est très-difficile de faire une réponse à cette lettre, car je ne peux pas savoir ce qui me convient le mieux. Je me borne donc à dire à M. le maire des généralités qui ne peuvent me compromettre. Si l'on se contente de cette déclaration, tant mieux, je ne puis faire autre chose ici.

Si cette lettre est remise à M. le maire, il faut avoir soin d'en garder copie, que l'on joindra à la lettre de ce dernier.

Tout cela servira plus tard.

---

Paris, 29 septembre 1857.

J'espère que Frédéric est mieux ce matin et que la médecine qu'il aura prise le débarrassera de sa douleur ; mais il faut lui éviter toute fatigue et ne pas le presser de manger, comme tu le fais ; il ne lui faut aucune préoccupation.

Je t'envoie la note de tout ce dont je suis convenu avec Mathieu, qui t'en parlera. Il faut se garder de faire part de ces arrangements ou projets à Frédéric, dont la tête travaillerait, ce qui serait très-mauvais pour lui. Tu me donneras de ses nouvelles. Je vais partir dans quelques instants.

*Mille amitiés.*

P. S. Pendant le mois d'octobre, les vendanges étant finies, la main-d'œuvre est moins chère et les travaux de terrassements en mieux ; il faut en profiter pour ce que je veux faire à Barthez.

Bordeaux, 11 octobre 1857.

Je te remercie des nouvelles que tu me donnes, et je te prie de continuer à être exacte à m'en envoyer.

Il faut que Frédéric ne soit pas préoccupé des affaires ; il lui faut le plus grand repos d'esprit possible. Tu sais bien que je t'ai fait toutes ces recommandations.

J'écris à Mathieu la lettre ci-jointe, que je te prie de lui remettre le plus tôt possible. Je lui dis de te les communiquer, afin que tu veilles à ce que je lui commande soit bien exactement exécuté.

*Mille amitiés.*

Paris, 28 octobre 1857.

Je viens d'écrire une longue lettre à Mathieu. Pour ne pas répéter ce que je lui dis, je lui recommande de te la montrer.

Je suis charmé des nouvelles que tu me donne de Frédéric ; il faut lui éviter toute espèce de préoccupation. Je ne saurais trop te le recommander ; il est très facile de faire monter les affaires sans qu'il s'en occupe. Je vois que la marche adoptée est le plus sage dans les circonstances actuelles.

Je te prie de veiller à ce que les vins blancs qui sont à la cave restent ; il ne faut pas les vendre. S'il se présentait quelqu'un pour les acheter, il ne faut rien conclure sans m'avertir. J'ai à cet égard des arrangements pris ici qui m'empêchent de disposer de ces vins.

Ma santé est très-bonne, *soigne la tienne et reçois mille amitiés.*

---

# II

**Correspondance de janvier à juillet 1860, entre Édouard Roux et M. Faye, au sujet du rgèlement à faire de la situation de Frédéric Roux, malade, et d'Henriette Roux.**

Paris, 22 janvier 1860.

Mon cher Faye,

Je te suis reconnaissant du sentiment qui a dicté la lettre que tu as bien voulu m'écrire ; tu as été fort mal informé, on ne peut pas plus mal.

Forcé de confier à Mathieu une administration devenue déplorable par suite de l'état de santé de mon frère, ma sœur a éprouvé une très-vive irritation qui l'a rendue injuste envers Mathieu ; de là des emportements, des accusations, des récriminations odieuses, enfin *des craintes bien plus odieuses encore pour son avenir et celui de notre frère*, COMME SI LE PASSÉ N'ÉTAIT PAS LA POUR LES RASSURER SUR CET AVENIR ; ILS SAVENT BIEN QUI JE SUIS ET QUE TEL TOUJOURS JE SERAI, comme tu le dis fort bien, mon ami, le cœur et la religion imposent des devoirs que j'ai, Dieu merci, parfaitement compris et remplis, et que, Dieu aidant

je saurai accomplir. L'un de ces devoirs, le plus important peut-être, c'est de ne pas obéir aux caprices, aux projets plus ou moins irréfléchis, aux emportements, aux idées souvent extravagantes , aux exagérations , aux désirs enfin de M<sup>lle</sup> Henriette dont la tête me paraît vide d'idées calmes et saines. J'ai cependant un remerciment à lui faire, c'est de s'être adressée à toi pour donner cours à ses injustes et odieuses craintes et récriminations que je lui pardonne assurément, comme tant d'autres procédés de sa part, plus insensés encore que méchants.

Entre nous, mon cher Faye, je crains qu'au fond de tout cela, il y ait de la part de M<sup>lle</sup> Henriette, un plan arrêté, celui d'aller s'établir à Bordeaux avec mon frère; ce que je ne veux pas absolument : mon frère a besoin de vivre à la campagne, les soins de sa sœur lui sont nécessaires, et le séjour de la ville ne convient, sous aucun rapport, à M<sup>lle</sup> Henriette, qui ne pourrait certes pas y tenir l'état que probablement elle rêve.

Mon frère et ma sœur sont parfaitement établis à Brown, s'il leur convient mieux de s'établir à Malartic ou à Barthez, ils sont libres de le faire, quoique je regrette pour eux la résidence de Brown pour beaucoup de causes; là ils trouvent cette existence tranquille et convenable qu'ils désirent, et j'aurai la satisfaction d'avoir été et de continuer d'être pour eux un frère éclairé, un bon frère. Je te demande, mon ami, d'avoir recours à ton obligeance qui me sera, je le vois, nécessaire pour arriver à une fin satisfaisante.

A l'avance, je te prie de recevoir l'assurance de toute ma gratitude et l'expression de mes sentiments bien affectueux.

Ton vieil ami.

Signé : Roux.

Paris, 23 janvier 1860.

Mon cher Faye,

Tu as reçu ce matin ma réponse à ta première lettre. Je n'ai pu t'écrire plus tôt, parce que j'ai été assez gravement malade pendant huit ou dix jours. J'accepte, au contraire, avec grand empressement ton intervention que M<sup>lle</sup> Hen-

riette a crue nécessaire. Je te suis reconnaissant de l'avoir acceptée toi-même, en t'exprimant mes vifs regrets des tracas et ennuis que cette pénible corvée te coûtera.

Je ne reviendrai sur ce que je t'ai écrit hier que pour te donner une nouvelle assurance que les récits que l'on t'a faits sont inexacts, l'œuvre d'une irritation dont j'ai indiqué la cause. J'ai l'intime conviction que M^{lle} Henriette rêve de s'établir à Bordeaux, d'y avoir, comme je te l'ai dit, un état de maison ; c'est là ce qu'elle appelle une existence paisible et honorable ; elle est sans expérience, elle ne sait pas le moins du monde les choses de la vie, elle ne se doute pas de ce que c'est qu'un état de maison en ville, et s'abandonne à des rêvasseries, à des projets irréfléchis, à des idées, à des désirs que la raison repousse ; elle voudrait un viager ; c'est là un terme général qu'il faut expliquer en attendant qu'elle s'explique sur ce désir. Voici ce qu'il faut qu'elle comprenne bien.

Le séjour de la campagne est indispensable à mon frère, l'état de sa santé l'exige, les soins de sa sœur lui sont nécessaires ; le ménage en commun restera donc à la campagne ; l'établissement à Brown est parfaitement convenable ; il s'agit de voir quels sont les besoins et de s'entendre sur les moyens d'y pourvoir ; c'est pour cela que ton intervention nous sera de la plus grande utilité ; c'est par elle qu'on arrivera à s'entendre si, en effet, on veut admettre comme résolu ce que j'ai dit plus haut, il faut que tout soit net et ne laisse pas la possibilité de recommencer ces scènes dramatiques qui, au fond, n'ont rien de vrai, rien de naturel. *Personne ne croira, quelque récit que l'on divulgue, qu'après avoir employé une grande partie de ma fortune en acquisitions d'immeubles placés sous la main de ma famille, qui les administrait sans contrôle, et en jouissait, personne, dis-je, ne croira, que mon frère et ma sœur soient autorisés à s'alarmer sur mes dispositions à leur égard pour l'avenir.* Je devrais, mon cher Faye ne répondre à M^{lle} Henriette, car notre pauvre frère n'est pour rien dans tous ces mauvais procédés, je devrais me borner à cette simple réponse ; *Je serai pour vous ce que je n'ai jamais cessé d'être, le passé doit vous être garant de l'avenir.*

M^{lle} Henriette, si elle a des projets que je ne tiens pas le moins du monde à connaître qui ne soient pas conformes aux bases que j'ai indiquées plus haut, ne comprendra pas cette dernière réponse bien précise. Ce serait pour elle un malheur, car ce n'est pas seulement de la générosité qu'il me faut, c'est aussi de la raison ; la raison est le grand devoir que j'ai à remplir. Tu comprends toute

ma pensée, mon ami, je compte sur ton bienveillant concours pour la faire prévaloir ; il faut pourvoir à tout. Dieu aidant et avec ton aide aussi, je remplirai ma tâche.

Reçois, mon cher Faye, l'expression de ma reconnaissance et de mes sentiments bien affectueux.

Ton vieil et fidèle ami,

Signé : Roux.

Mon cher ami,

J'ai vu deux fois ton frère et ta sœur qui, après réflexion, m'ont dit qu'ils continueront volontiers leur résidence commune à Brown, celui-là parce qu'il ne s'y déplaît point, et celle-ci pour y soigner son frère. Ils voudraient, comme par le passé, avoir à Roux la chapelle, le jardin, le fruit et le puits.

Ils assurent qu'il faut à Brown pour 3,000 fr. de réparations et pour 1,000 fr. à Roux, dans ton intérêt, les murs s'étant dégradés.

Quant au viager dont j'ai eu l'idée, si tu ne dois rien de leurs prétentions, comme j'en avais la pensée c'est à ton cœur à le fixer.

Puissé-je voir se calmer vos diverses inquiétudes.

Ton bien dévoué et ancien ami.

Signé : A. FAYE.

Bordeaux, 2 février 1860.

Paris, 1C février 1860.

Mon cher Faye,

J'ai été obligé de m'absenter pendant quelques jours, et ce n'est qu'à mon retour à Paris que ta lettre m'a été remise, ce qui explique le retard de ma réponse.

Je n'ai jamais eu l'intention de retirer la jouissance de ce qui m'est demandé, et je consens bien volontiers à ce que cette jouissance continue.

A l'égard des réparations à faire à Brown et à Roux, il faut se borner à ce qui est nécessaire et ne pas dépenser d'argent en choses que l'on peux éviter. Je compte aller juger par moi-même du parti à prendre à cet égard, je pense que l'urgence n'est pas telle qu'on ne puisse attendre quelque temps.

La question la plus difficile à traiter, c'est la dernière; nous aurons à l'examiner ensemble, il me paraît impossible d'en faire l'objet d'une correspondance.

Aussitôt que je pourrai faire le voyage à Bordeaux j'aurai le plaisir de te voir.

Nous causerons sur tout cela et nous arriverons facilement à une solution.

*Je resterai assurément ce que j'ai toujours été, on n'aurait jamais dû en douter.*

Mille remercîments, mon cher Faye, de ton extrême obligeance et grande amitié. Je te prie de bien croire à la mienne, toujours invariable.

Signé : Roux.

---

Mon cher ami,

Ton silence m'a fait penser que tu viendrais prochainement, ou que tu pourvoirais sans me répondre aux besoins de ton frère et de ta sœur.

Sur leurs instances j'ai prié Mathieu de t'en écrire, puisqu'il correspond avec toi, et il paraît qu'il n'a à ce sujet aucune instruction. Aujourd'hui nouvelle visite pleine d'inquiétude et d'afflictions et je cède à l'émotion que les larmes de l'une, et la préoccupation maladive de l'autre viennent de me causer.

De plus je leur tiens parole en t'écrivant de nouveau.

Provisoirement et sans fixation obligatoire, ne pourrais-tu pas, et permets-moi d'ajouter ne devrais-tu pas fraternellement leur annoncer un envoi mensuel ou par trimestre pour leur besoins ?

Ils répugnent, pour eux comme pour toi, à confier leur position à quelqu'un qui serait plus étranger que moi à votre famille. En cela, je crois qu'ils on, raison. Tu leur en sauras bon gré et tu feras cesser leurs soucis, même injustes, en leur assurant une existence bien convenable pour eux, et qui ne sera qu'une douce charge pour toi appelé par la fortune à les secourir suffisamment.

Je ne parle ni de prétentions ni de comptes dont je ne veux pas qu'ils s'occupent. Ils ont un meilleur titre dans ton affection pour eux, c'est le seul que j'invoque et dont il ne faut pas trop ajourner les effets, l'avenir ne nous appartient pas assez pour cela.

Les chaleurs du Midi seraient un bon remède contre ton rhumatisme d'hiver. Tu perds à ne pas tenir parole.

En revenant voir les Bordelais et arranger l'avenir d'un frère malade et d'une sœur qui se tourmente, tu trouverais santé et contentement.

Adieu, sans rancune de ton silence, je me dis encore.

Ton vieil ami

Signé : A. Faye

*Bordeaux, 21 juillet 1860.*

---

Paris, 23 juillet 1860.

Mathieu,

Sur l'argent provenant des ventes de foins, vous prélèverez une somme de 500 francs ; vous apporterez cette somme à M. Faye, et vous la lui donnerez de ma part pour la destination que je lui indique par lettre de ce jour.

Hâtez-vous de faire rentrer le montant de ces ventes de foin, destinées d'une part à solder les impôts, et d'autre part de mettre M. Faye en mesure de faire la commission dont il veut bien se charger.

Tenez-moi au courant de ce que vous faites pour arrêter les progrès de la maladie qui s'est déclarée dans les vignes.

Vous pouvez aller chez M. Faye pour lui dire que je vous ai recommandé de lui apporter 500 francs, aussitôt que possible, pour l'emploi dont je lui ai parlé dans ma lettre de ce jour.

Je vous souhaite une bonne santé,

*Signé* Roux.

P. S. Vous apporterez la lettre ci-jointe à M. Faye dont j'ai oublié l'adresse.

Paris, 20 avril 1860.

Mon cher Faye,

Cette lettre te sera remise par Mathieu, mon homme d'affaires, que je charge aussi de t'apporter 500 francs. Je te prie d'avoir la bonté de faire arriver cette dernière somme à mon frère et à ma sœur.

J'ai été fort souffrant tout cet hiver ; dans l'impossibilité de voyager. Je ne suis pas encore débarrassé complètement de rhumatismes dont le beau temps seul aura le pouvoir de me délivrer.

Je n'ai certes pas renoncé au plaisir de te rendre une visite aussitôt que je le pourrai.

Mille et mille remercîments,

Bien à toi de cœur,

Signé, Roux.

# III

**Lettres d'Édouard Roux à sa sœur Henriette, postérieures à la mort de Frédéric, du 9 septembre 1860 au 6 octobre 1862.**

Paris, 9 septembre 1850.

Je n'ai reçu ta lettre *ma chère Henriette*, qu'au fond de l'Allemagne, et après de longs retards. Je me suis immédiatement mis en route pour revenir ; mais je n'ai pu refaire ce long voyage sans être contraint de m'arrêter pour prendre quelque repos. Je viens d'arriver à Paris, horriblement fatigué.

C'est un grand malheur qui nous frappe et je pleure avec toi cette si douloureuse perte si inattendue ; ne te laisse pas abattre, prions Dieu, mettons notre confiance en lui, confondons nos larmes et nos prières ; nous recevrous du ciel la force qui nous est nécessaire, *tu peux compter sur ton frère qui t'embrasse le plus tendrement qu'il peut.*

J'écrirai demain à M. Chassin que je te prie de remercier, en attendant il s'est conduit en bon parent, je lui en suis bien reconnaissant.

---

Paris, 18 août 1861.

Je te remercie, *ma chère Henriette,* des deux lettres que tu m'as écrites ; il faut me pardonner de n'être pas exact à répondre. J'ai chaque jour tant de choses à faire, que je ne sais pas comment je peux arriver à remplir ma tâche. Ce n'est assurément pas sans très-grandes fatigues. J'ai de nouveau chargé quelqu'un de trouver une petite voiture d'occasion, fort simple, solide seulement et très-bon marché ; ces conditions sont difficiles à rencontrer, la dernière surtout, qui est la plus importante. Avoir voiture coûte fort cher, ce qui fait que je m'en suis toujours privé. Quant au reste, je ne m'y entends pas du tout ; je ferai cependant de mon mieux en me faisant aider. Je t'ai déjà dit la cause pour laquelle il ne faut pas compter sur moi pour des commissions. Je suis bien aise de tes visites, surtout à M^me d'Etchégoyen et à M^me de Pitry, toutes les deux excellentes. Je ne sais pas deviner les énigmes, il aurait bien mieux valu garder un silence absolu sur ce que tu m'annonces me devoir dire que quand tu me verras. Jusque-là, il faut que je cherche ce que cela peut être. Envers moi, c'est sans importance ; mais envers un étranger, ce ne serait pas sans inconvénient.

Je suis bien aise d'apprendre que M^me de Pitry va beaucoup mieux, et d'apprendre qu'elle est aux eaux ; j'espère qu'elle en rapportera un grand bien pour sa santé. *Ménage la tienne, ma chère Henriette, et crois à mes sentiments d'amitié sincère* (1).

Signé : Roux.

---

(1). *Nota.* — Comment croire que celui qui écrivait cette lettre et qui faisait à sa sœur cadeau d'une voiture, a pu faire, le 9 septembre suivant, à quelques jours de là, un testament ne laissant aucun souvenir à cette même sœur et l'exhérédant entièrement.

Villemau, le 28 août 1861.

MONSIEUR,

J'ai retiré la voiture lundi de la gare du chemin de fer, à Bordeaux ; j'ai payé la somme de 187 francs 20 centimes pour les frais. J'ai reçu la voiture en bon état, et j'ai trouvé dans l'intérieur de la voiture les deux coussins et l'abattière, ainsi que la clé dans le coffre du devant.

J'ai retardé deux jours pour vous écrire. Comme j'étais en marché, la vieille voiture avec le carrossier, je croyais de terminer avec lui pour vous le faire savoir, je lui ai demandé la somme de 300 francs, il n'a pas voulu mettre au delà de 150 francs, je n'ai pas voulu lui vendre à ce prix. Je vais demain à Bordeaux chez un autre, voir si je puis obtenir un prix plus élevé.

Nous avons toujours une forte chaleur, la maturité du raisin avance beaucoup.

Les plâtriers ont fini aujourd'hui les travaux à la maison à Brown, et le peintre doit commencer demain à faire son travail.

Je vous salue avec respect.

Votre serviteur,

Signé : MATHIEU.

Paris, 4 octobre 1861.

Je viens de recevoir de Mathieu, par les deux dernières lettres, des nouvelles désastreuses sur la récolte de cette année ; il me dit que j'aurai pour toute récolte trois barriques de vin rouge et treize barriques de vin blanc. Ce tour de force me semble incroyable, d'autant plus que de tous les côtés tout le monde s'applaudit de la récolte, sous le double rapport de la qualité et de la quantité. Dans la lettre que je viens d'écrire à Mathieu, je pose dix questions auxquelles je demande que Mathieu me réponde d'une manière catégorique, en chiffres. Je te prie de veiller à ce que cela soit fait. Je ne peux pas croire à ces chiffres de trois barriques de rouge et treize barriques de blanc dans plus de 150 journaux de vigne ; c'est impossible. Le 16 septembre, Mathieu m'écrivait que des pluies étaient venues faire beaucoup de bien à la récolte des raisins ; puisqu'avec ces pluies, qui ont fait beaucoup de bien à la récolte des raisins de mes 150 journaux de vignes au moins, je n'ai eu que trois barriques de vin rouge et treize barriques de vin blanc, sans ces pluies j'aurais ici sans doute moins que rien. Quelle désastreuse propriété ; il faut absolument aviser à cette situation.

Comme tu le penses bien, il faut ajourner toute dépense devant ce désastre et se borner, quant à présent, à ce qui a été dépensé. J'espère que tu es plus contente de ta santé. Tant qu'à moi, je me ressentirai toujours des coups portés à la mienne par un si affreux malheur si irréparable.

*Je te remercie de ta lettre, ma chère Henriette ; je te suis reconnaissant des sentiments que tu m'exprimes* (1).

---

Paris, 15 janvier 1862.

*Ma chère Henriette,*

J'ai été obligé de m'absenter de Paris au commencement de l'année, et malheureusement.

J'ai été pendant plusieurs jours atteint de mes douleurs rhumatismales, *qui m'ont empêché de te remercier des vœux de bonne année que tu m'adresses, et dont je te suis reconnaissant* ; *tu sais que je suis pour toi tout aussi ardent*.

Cette année a été bien cruelle pour nous ; que nos prières pour ceux que nous pleurons en soient plus vives, plus

Il y a quelque temps que M. le maire de Pradignau, Monsieur

je crois, m'a demandé si je voulais souscrire pour la réédification de l'église de Pradignau, j'ai répondu que oui, mais je n'ai plus entendu parler de rien. Je maintiens ma souscription ; je serais très-fâché que ma réponse n'ait pas été reçue de M. le maire de Pradignau.

*Adieu, ma chère Henriette, tu sais que mes sentiments ne varient pas* (2).

---

(1) Comment croire que celui qui écrit cette lettre aurait pu faire, quelques jours auparavant, le 9 septembre, un testament exclusif des sentiments d'amitié sincère dont il donne l'assurance !

(1) Comment croire au testament du 9 septembre 1861 !

Paris, 7 mars 1862.

Je serais assurément bien disposé à faire ce que tu me demandes pour le fils de l'ouvrier dont tu me parles dans ta lettre. Mais ce pauvre jeune homme ayant tiré un mauvais numéro, que puis-je faire ici pour lui ? C'est à Bordeaux qu'il va passer devant un conseil. A-t il à faire valoir quelque cause d'exemption ? C'est là qu'il aura à le produire. Que puis-je faire ici pour lui ? Indique-le moi, et je le ferai de mon mieux. Je pense bien aussi qu'il faut être le plus utile qu'il nous est possible aux autres, et surtout aux bons ouvriers, aux bons serviteurs.

Je ne suis pas trop mécontent de ma santé, quoique bien fatigué d'une si grande variation de température. J'espère que vous n'éprouvez pas à Bordeaux les mêmes changements de temps si brusques. Il me tarde bien que l'hiver s'achève. *Soigne bien ta santé.*

*Je t'embrasse.*

Paris, 15 juillet 1862.

Je suis au contraire mieux que je n'ai été depuis longtemps, j'ai passé quelque temps au château de Madon, et j'en ai éprouvé le plus grand bien; maintenant, mes douleurs rhumatismales me laissent plus tranquille, et je vais aller aux eaux, pour tâcher de me débarrasser tout à fait d'un ennemi par tro incommode; j'espère y réussir. De ton côté, tu ne me parles pas de ta santé, je souhaite que cela veuille dire que tu es fort contente. Je ne comprends pas ce que tu me dis d'Isidore et de sa fille, est-ce qu'ils ne sont pas ensemble ? Cette séparation ne tient-elle, comme je le désire, qu'à un état de grossesse passager ?

J'ai reçu une lettre de M. l'abbé Moreau, mon voisin; au lieu de lui envoyer une lettre, je préfère lui envoyer Mathieu pour lui dire ce que j'ai à lui répondre, je te prie donc de faire venir Mathieu et de lui recommander d'aller chez M. Moreau de ma part, et de lui dire « que je le remercie de la lettre qu'il m'a « écrite, que j'ai le projet d'aller à Bordeaux prochainement ; qu'alors je le « verrai, et nous pourrons causer de Malartic et de Barthe, et entrer dans tous « les détails des questions qu'il me fait dans sa lettre, qu'une entrevue nous « conviendra mieux à tous les deux. »

Je n'ai pas besoin de recommander à Mathieu d'être très-poli avec M. Moreau, il le serait très-sûrement sans ma recommandation.

*J'espère donc avoir bientôt le plaisir de te voir et de t'embrasser.*

Signé : Ed. Roux.

P. S. Je ne sais pas encore l'époque, elle sera prochaine.

---

Tours, 6 octobre 1862.

*Ma chère Henriette,*

Je ne demanderais pas mieux assurement que d'être utile à Mlle R... autant que je le pourrai, mais je suis absent de Paris pour des affaires importantes et urgentes et n'y rentrerai pas avant la fin de novembre.

Quand je serai de retour du voyage que je suis forcé de faire et que j'ai déjà commencé, car ta lettre m'a été envoyée à Tours, je me mettrai à la disposition de Mlle R... pour lui rendre tous les services qui seront en mon pouvoir de lui rendre; tu sais que je ne suis pas maître de mon temps et accablé de travail; mais on peut compter sur ma bonne volonté.

Les eaux m'ont fait du bien, et avec des soins et des ménagements, j'espère me délivrer des douluurs qui m'ont poursuivi l'an passé.

*Adieu ma chère Henriette.*

*J'espère que tu es contente de ta santé.*

# IV

**Lettres écrites par Édouard Roux à son régisseur Mathieu, du 5 août 1863 au 7 octobre de la même année, et qui établissent le grave affaiblissement de ses facultés mentales et particulièrement de sa mémoire.**

Paris, 5 août 1863.

Mathieu,

Je vous remercie de la lettre que vous m'avez écrite, je suis bien aise des détails que vous me donnez; plus vous m'en donnerez et plus vous me ferez plaisir, vous ne me dites pas ce que les blé sont produit en seigle et froment et ce qu'il y a eu d'avoine.

J'attends votre autre lettre que vous me promettez. Je pars ce soir pour rétablir ma santé : je vais aux eaux de Néris.

Voici mon adresse pour les lettres que je vous prie de m'envoyer le plus tôt que vous pourrez, avec les plus grands détails.

*A M. Roux, poste restante, à Néris-les-Bains, département de l'Allier.*

*Mon adresse :*

*A M. Roux, poste restante, à Néris.*

M. Mathieu, chez M. Roux, à Cave, commune de Villeneuve-d'Ornon, près Bordeaux.

---

Paris, 18 septembre (1).

Mathieu,

Voici déjà longtemps que je suis malade; je suis forcé encore de garder le lit. Je n'ai pu vous écrire depuis au moins une quinzaine de jours; un rhumatisme

---

(1) 1863.

aigu est venu à la suite de mes eaux de Néris; je me trouve actuellement beaucoup mieux, mais il ne faut pas que maintenant je songe à voyager, je le regrette
beaucoup d'après ce que j'ai su de vous; les vignes promettent de bonnes vendanges et je pense que ces vendanges approchent beaucoup. Je vous prie de
m'écrire le plus de détails possibles; vous êtes bien sûr du grand plaisir que
vous me ferez.

*Je vous trouverais bien reconnaissant*, puisque je ne puis aller à Bordeaux voir
moi-même ce qui se passe; *je vous prierais de me faire ce que je vous demande
instamment*. Je pense que les raisins sont mûrs ou qu'ils vont l'être, alors faites-
moi le grand plaisir de faire cueillir ou de faire acheter, de faire acheter pour
être plus assuré, les raisins suivants :

1° Des Sauvignons bien mûrs, bien bons, bien frais, bien beaux;

2° Des muscats gris bien mûrs, bien frais ;

3° Des raisins noirs des meilleures qualités et espèces, bien mûrs, bien frais.

Tous ces raisins choisis par vous, tout ce qu'il y a de mieux; *vous vous pro-
curerez tout ce qu'il y a de mieux, vous les feriez bien emballer dans des corbeilles
bien choisies, chez des marchands que vous auriez soin de vous procurer*, ne craignez
pas de dépenser ce qu'il faut pour me faire cela.

Il faudrait trois ou quatre corbeilles de raisins, comme je viens de vous en désigner, ces trois ou quatre corbeilles contiendraient 150 à 200 raisins, 100 sauvignons, 100 muscats gris, 100 raisins rouges de choix; choisissez bien ces raisins; emballez-les bien dans les corbeilles que vous aurez grand soin, le plus
grand soin de préparer; quand ces raisins dans les corbeilles bien emballés
comme je viens de vous le dire, vous me les ferez apporter à Bordeaux au chemin de fer de Paris, *grande vitesse* à mon adresse que voici : *à M. Edouard Roux,
rue Caumartin, rue Caumartin, n° 5, à Paris. Grande vitesse*. Vous aurez grand
soin de faire écrire sur chaque corbeille de raisin : *à M. Edouard Roux, à Paris,
rue Caumartin, n° 5, à Paris*, ordre de M. Mathieu de Bordeaux

*Voici l'adresse que vous m'adresserez sur chaque corbeille à Bordeaux :*

*M. Edouard Roux, rue Caumartin, n° 5, à Paris, chemin de fer de Bordeaux à
Paris, grande vitesse.*

Mathieu, répondez tout de suite à ma lettre; si j'avais à vous faire quelques
nouvelles demandes à vous adresser, *ne perdez pas de temps à m'envoyer* UNE DE-

MANDE, *je suis à Paris, rue Caumartin, n° 5.* J'attends impatiemment une lettre de vous.

*A monsieur Edouard Roux, rue Caumartin, n° 5, à Paris.*

Mathieu, ne perdez pas de temps (1).

———

Paris, 25 septembre 1863.

Mathieu,

J'ai bien répondu à votre lettre du 21, mais malheureusement il ne vous a pas encore été possible de me faire l'envoi que je vous ai prié de me faire, la pluie vous a empêché de me faire cet envoi. Mais, d'après ce que je vous ai demandé et toutes les recommandations que je vous ai faites et que vous m'avez très-bien indiquées en me les transcrivant dans votre réponse. Aussitôt que la pluie vous le rendra possible vous choisirez les raisins que je vous ai dit bien secs, vous les choisirez, les emballerez bien secs dans des corbeilles bien établies, bien conditionnées ; sur chaque corbeille vous ferez établir L'ENSEIGNE, *à M. Edouard Roux, rue Caumartin, n° 5, chemin de fer de Bordeaux à Paris, grande vitesse,* toutes mes recommandations vous ont été faites, et dans ma lettre bien écrite vous n'oubliez rien ; relisez-la parce que je trouve que vous l'avez très-bien complétée, même les muscats gris qu'il faut que vous achetiez parce que nous n'en avons pas, mais surtout ne pas oublier les sauvignons et les raisins noirs si excellents. Tous les raisins bien mûrs et bien secs très-secs, faites bien attention aux adresses, aux indications rappelées dans ma lettre et dans la vôtre : *Chemin de fer de Bordeaux à Paris, les 4 corbeilles avec les adresses, à M. Edouard Roux, rue Caumartin, n° 5, à Paris, grande vitesse.* Faites votre possible pour que ces corbeilles m'arrivent au plus tard lundi ou mardi au plus tard *par la grande vitesse du chemin de fer de Bordeaux à Paris, rue Caumartin n° 5.*

Je vois aujourd'hui avec plaisir que je crois que le beau temps va venir.

Je vais un peu mieux.

M. Mathieu, chez M. Roux, à Cave, commune de Villenave d'Ornon, près et par Bordeaux.

———

(1) NOTA. Le testament invoqué par M<sup>me</sup> de Sers est daté du 15 septembre 1863 ; il ne serait antérieur que de trois jours à cette lettre pleine de défaillances et de radotages séniles.

Paris, 1er octobre 1863.

Mathieu,

J'ai reçu dimanche matin les raisins que vous m'avez expédiés par le chemin de fer ; ils étaient dans le meilleur état possible, parfaitement emballés, je n'ai que des éloges à vous faire, les raisins étaient bien secs, ils sont bien mûrs, bien choisis, tout le monde les trouve excellents, *je désire bien que vous ayez à faire les vendanges avec le même succès que vous venez d'obtenir pour la commission que je vous avais donnée.* Où en êtes-vous des vendanges ? il me tarde de savoir où nous en sommes, écrivez-moi avec les détails qui se suivent, écrivez-moi le plus tôt et avec le plus de détails possibles.

J'ai, Dieu merci, une meilleure santé, mes rhumatismes me font moins souffrir, la pluie tient moins ; les journées sont plus belles, il faut espérer que le temps continuera d'être meilleur, je vous remercie de vos souhaits, portez-vous aussi bien que je le désire pour vous et les vôtres.

Signé : Roux.

Château de Madon, 7 octobre (1).

Vous ne m'avez pas écrit depuis plusieurs jours, vous avez bien des nouvelles à me donner.

Voici à quelle adresse il faut m'envoyer vos lettres :

*A M. Roux, chez Mme la vicomtesse de Sers, au château de Madon, près et par Blois (Loir-et-Cher).*

Faites bien attention à l'adresse que je vous indique :

*M. Roux, chez Mme la vicomtesse de Sers, au château de Madon, près et par Blois (Loir-et-Cher).*

M. Mathieu, chez M. Roux, à Cave, à Villenave d'Ornon, près et par Bordeaux.

_____

(1) 1863.

# V

**Preuve de l'oblitération des facultés mentales d'Edouard Roux à la date que porte le testament, résultant de quelques-unes mêmes des lettres écrites par lui à M⁰ᵉ de Sers et produites par elle (1).**

Ce vendredi 10 septembre (2).

Je suis heureux de votre bonne lettre, je la presse de tout mon cœur — merci, merci ; que vous êtes bonne — toujours bonne, votre volonté sera certainement *faites* comme vous *la* voulez — toujours — je me trouve mieux, M. le curé de Candé est venu ici ce matin me faire une visite, il m'a remis une lettre *pour vous* IL a été heureux d'apprendre ñon-seulement les nouvelles de Biaritz, *mais surtout de Madon — notre cher Madon*, — *bonjour de tout mon cœur*, — *bonjour*, je suis bien reconnaissant envers le bon ménage, bien reconnaissant des mille amitiés qu'il la bonté de m'envoyer, *banjour, bonjour.*

---

MADAME LA VICOMTESSE DE SERS AU CHÂTEAU DE MADON,
PRÈS ET PAR BLOIS.

Le mercredi 16 (3).

*Bonjaur — bonjour,* — c'est un grand bonheur que j'éprouve — vous êtes

---

(1) NOTA. La production faite par M⁰ᵉ de Sers est loin d'être complète, elle a choisi avec soin parmi les lettres qu'Edouard Roux lui a écrites, en quelque sorte quotidiennement pendant tout le mois de septembre 1863, celles qu'elle a regardées comme contenant le moins de traces de la déchéance de ses facultés mentales ; mais dans les lettres produites, cette déchéance se trouve encore suffisamment accusée.

(2) 1863.

(3) Septembre 1863.

enfin arrivée sans fatigue — sans un temps trop chaud, merci — merci. Je ne sais vous exprimer combien je suis heureux de cette si bonne, si inattendue matinée — il n'est pas possible d'être malade, la bonne lettre que vous avez eu la bonté de me faire remettre par Cherreau m'a complétement guéri. — Quels excellents conseils vous m'avez donnés, je vous en suis bien reconnaissant. CHERREAU *et moi nous vous en remercions bien* — tout est parfaitement pensé — tout sera exactement exécuté. J'espère bien que M. Fabre sera de retour à Paris lundi prochain et qu'aussitôt toute correspondance *comme vous avez la très-grande bonté d'indiquer* sera mise en activité, *et* CHERREAU, *grâce à vous, sera rendu à la vie*, aussi est-il pressé, heureux en même temps heureux, -e partir pour Madon où il arrivera demain matin avant cinq heures. *C'est à cette heure heureux où le matin votre si bonne lettre que je n'oublierai jamais m'a été remise, votre lettre de ce matin.* — *J'en suis heureux comme de votre bonne lettre qui m'avez annoncé votre arrivée à Biaritz.* — *Arrivée à Biaritz, retour à Madon,* — *je suis heureux. je vous remercie.* — *Je vous dis merci* — *merci de tout mon cœur, de toute mon âme; ma bien vive reconnaissance au ménage que vous avez la bonté de me rappeler.* M^me Remy aura, je l'espère, réussi à faire la confiture dont vous avez eu la grande bonté de me rappeler la recette, demain matin des caisses de figues fraîches seront apportées à Madon, elles seront remises sans encombre par Cherreau à M^me Remy, puisque vous avez trouvé les dernières bonnes, j'espère bien que M^me Remy s'efforcera de faire bonnes les nouvelles *aussi pour que je puisse mériter vos remerciments,* — *bonjour,* — *bonjour,* — *merci,* — *merci de tout mon cœur, de tout mon cœur,* — *de toute mon âme, bien fl vous, tout à vous* (1).

---

(1) NOTA. Ne pas oublier que le testament invoqué par madame de Sers porte la date du 15 septembre 1863. Il aurait été fait la veille du jour où a été écrite cette lettre du 16, ou évidemment celui qui écrit, est dans un véritable état d'imbécilité; il y a aussi à se rappeler la lettre du 18 du même mois, écrite par Edouard Roux à Mathieu, et où cet état d'imbécilité est non moins accentué.

Toutefois, en première instance, M^me de Sers a fait présenter comme devant être réputée lui avoir été écrite par Edouard Roux à la date du 17 de ce même mois de septembre une lettre sans date dont la conception et les termes pourraient indiquer une situation d'esprit

# VI

### Constatation de l'état mental d'Édouard Roux,
### le 19 février 1864.

OBSERVATION. Aucun avis n'avait été donné par M. et Mme de Sers à Mlle Henriette Roux de l'état de maladie et d'affaiblissement des facultés mentales d'Edouard Roux. Il sera dit à la Cour à quelle circonstance Mlle Henriette Roux a appris ce que M. et Mme de Sers cherchaient à cacher.

Mlle Henriette Roux s'est rendue deux fois, près de son frère. L'accueil qu'elle a reçu de Mme de Sers sera dit à la Cour. Quant à Edouard Roux, il ne s'est même pas trouvé en état de reconnaître sa sœur.

En attendant de plus amples explications, voici le certificat de l'honorable docteur en médecine qui accompagnait Mlle Henriette Roux lors de sa seconde visite.

Nous soussigné, docteur en médecine, ancien interne des hôpitaux de Paris, avons aujourd'hui, 18 février 1864, accompagné Mlle Roux qui nous en a prié, et M. Chassaing, juge de paix, à Bordeaux, à l'effet de constater l'état mental de M. Roux, frère de Mlle Roux, demeurant en ce moment au château de Madon, Loir-et-Cher, chez M. le comte de Sers.

A notre arrivée et à notre départ, M. Roux a méconnu sa sœur et M. Chassaing.

Il résulte en outre d'une observation attentive faite pendant la conversation

---

infiniment meilleure que celle qui ressort des lettres du 16 et du 18. Cette lettre dite du 17 septembre a produit un grand effet et paraît avoir décidé le sort du procès. Mais c'est à tort que la date du 17 septembre 1863 a été attribuée à cette lettre, elle est du mois d'août précédent.

qui a duré environ une heure éntre M<sup>lle</sup> et M. Roux, que ce dernier a complétement perdu la mémoire des choses qui le concernent, ainsi que celle des personnes qui lui sont le plus chères ;

Qu'il y a dans son esprit et sur ces sujets confusion du présent et du passé ;

Qu'il est incapable de faire aucune comparaison et de porter un jugement sur
les faits de même ordre ;

Pour tous ces motifs, nous pensons en notre conscience que M. Roux est
atteint de démence chronique ou pour le moins d'imbécillité, résultant d'un état
pathologique du cerveau, qui le met dans l'impossibilité de gérer ses biens, de
veiller à ses intérêts et à ceux de sa famille.

Signé : CH. BODIN,

*Blois, le* 18 *février* 1864.

Vu pour la légalisation de la signature de M. Bodin, médecin à Blois, apposée
ci contre.

*Blois, le* 19 *février* 1864.

Le Maire,

Signé : BRILLARD, adjoint.

# VII

## Interrogatoire d'Édouard Roux, à la date du 18 avril 1864, lors de la procédure en interdiction (1).

Eu conséquence, étant arrivé au château de Madon, commune de
Candé, nous avons été introduit dans un des salons dudit château, où
nous avons trouvé M. Roux, ci-dessus nommé, et là, en présence de
M. le Procureur impérial et assisté du greffier, nous avons procédé à
l'interrogatoire de M. Roux de la manière suivante :

---

(1) Les conditions dans lesquelles cet interrogatoire a eu lieu seront expliquées à la
Cour.

D. — Comment vous appelez-vous?
R. — Jean-Baptiste-Edouard Roux.

D. — Quel âge avez-vous?
R. — J'ai soixante et quelques années.

D. — Où êtes-vous né?
R. — A Bordeaux.

'Il demeurait non à *Bordeaux*, mais à *Paris*. Depuis 40 ans M. Roux n'a eu d'autre domicile qu'à Paris. Il n'a jamais eu de domicile à Bordeaux si ce n'est dans sa famille.

D. — Où habitiez-vous avant de venir à Madon ?
R. — A Bordeaux.

D. — N'aviez-vous pas un autre domicile à Paris ?
R. — Oui monsieur, rue Caumartin, n° 5.

Il n'a jamais été avocat à la *Cour Impériale* de Paris; il figure quelque temps sur le tableau des avocats à la cour Royale de Paris, mais ce ne fut que plus tard qu'il devint *administrateur* du chemin de fer de l'Est, il confond les dates.

Il a cessé de figurer sur le tableau des avocats|, lorsqu'il est devenu administrateur ; il y avait incompatibilité.

D. — Quelle était votre profession avant de quitter Paris ?
R. — J'ai été avocat à la Cour impériale, puis à la Cour royale, et en même temps administrateur des chemins de fer de l'Est.

D. — Pendant combien de temps avez-vous été administrateur de ce chemin ?
R. — Pendant plusieurs années.

Depuis plus de deux ans, il n'est plus administrateur du chemin de fer de l'Est : Il a donné sa démission et a été remplacé.

La démission est de **1851**.

La délibération qui pourvoit au remplacement est du **29** avril **1852**.

D. — Quel était le motif qui vous a fait renoncer à cette fonction ?
R. — J'en suis toujours titulaire.

D. — Avez-vous encore vos père et mère ?
R. — Non, monsieur.

D. — Avez-vous des parents très-proches ?
R. — J'ai une sœur, ayant eu le malheur, il y a deux ou trois ans, de perdre mon frère.

D. — Comment s'appelle votre sœur ?
R. — Henriette.

Sa sœur a dix ans de moins que lui.

D. — Est-elle votre aînée ou non ?
R. — Elle est plus âgée que moi.

D. — Votre frère, comment s'appelait-il ?
R. — Frédéric.

D. — Etait-il ou non votre aîné ?
R. — Oui, monsieur, il était mon aîné?

D. — A-t-il été marié?
R. — Non, monsieur.

D. — Et vous, monsieur, avez-vous été marié?
R. — Non, monsieur.

Sa mère décédée en 1846 fut inhumée dans une cha-

D. — Où repose le corps de madame votre mère ?
R. — Je ne sais pas exactement, je sais seulement qu'on lui a fait un tombeau.

pelle qui fut préparée par par ses ordres et à ses frais, sur son domaine appelé Roux, commune de Gradignan. En 1862, il fit construire sur le plan qn'il fit lui-même et à l'endroit qu'il choisit et qu'il acheta un tombeau au cimetière de la Chartreuse à Bordeaux, il y fit transporter les restes mortels de sa nièce et ceux de son frère Frédéric, qui était décédé l'année auparavant; il assista en personne avec tous les membres de la famille à cette pieuse cérémonie; il dîna ce jour-là chez M. et M<sup>me</sup> Chassaing ses cousins germains.

Il n'a pu désigner le nom de la rue où cette maison est située.

D. — Possédez-vous une maison à Paris?
R. — Oui, monsieur, elle est située dans une rue près du boulevard.

Comment ne pas se rappeler le nom de celui qui lui a vendu cette maison. Il l'a achetée à l'audience des criées du Tribunal de la Seine, il avait fait construire cette maison en participation avec un sieur Roche, et il l'a acquise par licitation aux criées de la Seine.

D. — De qui l'avez-vous achetée?
R. — Je ne me rappelle pas le nom de la personne de qui je l'ai achetée.

M. de Brézès, premier président de la Cour Impériale de Bordeaux (sous le premier empire) est décédé depuis plus de trente-deux ans. Il n'a jamais eu aucune affaire avec Roux, ni possédé quoi que ce soit en commun avec lui.

D. — Vous nous avez dit que vous possédiez une maison rue Caumartin?
R. — Oui, monsieur, j'en possédais partie avec M. de Brèzes, premier président de la Cour impériale de Bordeaux.

Jamais il n'y a eu à Bordeaux une rue du nom de Caumartin.

D. — Il y a donc à Bordeaux une rue Caumartin?
R. — Parfaitement, monsieur.

Il connaissait parfaitement M<sup>me</sup> Chassaing, sa cousine germaine et son mari; toutes les fois qu'il est venu à Bordeaux il les a visités, soit à la campagne, car leurs propriétés sont contiguës, soit à la ville, et il a mangé à leur table.

Il n'ignore pas le degré de parenté existant entre lui et M<sup>me</sup> Chassaing. Jeanne Félicité Dugay sa mère, et M<sup>me</sup> Chassaing, étaient sœurs et filles de M. Dugay, procureur au parlement de Bordeaux. Jamais il n'y a eu entre lui et M<sup>me</sup> Chassaing le moindre sujet de discussion.

Il savait très-bien que depuis près de dix-huit ans, M. Chassaing est juge de paix à Bordeaux.

Il a toujours vécu en bonne intelligence avec sa sœur, leurs intérêts de famille n'ont jamais été liquidés et sont toujours confondus. Depuis trente-six ans M<sup>lle</sup> Roux habite sur le domaine de Léognan, que Roux avait acquis de M. Brown. Sa mère et son frère l'ont aussi habitée, jusqu'à leur décès ; il avait donné sa procuration à son frère pour la gestion de ses propriétés aux environs de Bordeaux. Cette gestion a duré jusqu'à la mort de son frère arrivée en 1860. Après ce décès, M<sup>lle</sup> Roux a continué à donner des ordres à l'homme d'affaires et aux divers ouvriers et ses ordres sont exécutés. Roux a

D. — Avez-vous, à Bordeaux, des cousins germains et des cousines?

R. — Je ne m'en connais pas.

D. — N'avez-vous pas pour parente une dame Chassaing ?

R. — Oui, monsieur.

D. — Savez-vous à quel degré elle est votre parente ?

R. — Je sais bien qu'elle est ma parente, sans pouvoir préciser au juste le degré, du reste, cette dame se conduit très-mal avec moi.

D. — Comment s'appelle le mari de cette dame?

R. — Il s'appelle Chassaing.

D. — Savez-vous quel est son état?

R. — Il était avoué à Bordeaux, je ne sais pas s'il l'est encore.

D. — Vous êtes en bons termes avec mademoiselle votre sœur?

R. — Non, monsieur.

D. — Cependant on dit que vous lui avez envoyé, il y a environ deux ans, une voiture?

R. — On se trompe ; je ne lui ai rien envoyé.

D. — Depuis combien de temps êtes-vous ici, à Madon?

R. — Je ne compte pas les jours, mais je suis ici chez M. et M<sup>me</sup> de Sers, auxquels je suis on ne peut plus reconnaissant de tous les bons soins qu'ils ont pour moi, et parfaitement décidé à rester toujours ici, tant qu'il leur conviendra de me conserver.

D. — Vous avez donc, pour cette famille, un grand attachement?

R. — Plus que de l'attachement, monsieur, j'ai pour eux le dévouement le plus absolu et le plus complet.

toujours entretenu une correspondance avec ses frère et sœur. Chaque fois qu'il est venu visiter ses propriétés, il a logé avec sa sœur sur son domaine de Léognan, et jamais le moindre nuage ne s'est élevé entre eux. Après le décès de son frère, il a voulu améliorer la situation de sa sœur, il a fait faire des réparations à la maison. Il y a environ un an il lui a envoyé une voiture. Il avait aussi promis de lui envoyer divers objets et notamment des rideaux dont il avait demandé la mesure que l'homme d'affaires lui a envoyée.

M. et M<sup>me</sup> d'Etchegoyen étaient non les père et mère de M<sup>me</sup> de Sers, mais bien ses grand - père et grand'mère.

Contradiction avec la précédente réponse.

Il est étonnant qu'il ne se rappelle pas le nom de la commune.

Cette terre a été acquise vers 1842, d'un Anglais *Thomas Hollond*.

Aucune de ses *tantes* ne lui a vendu cette propriété. La seule tante qu'il eût, était la mère de M<sup>me</sup> Chas-

D. — De quelle époque datent ces sentiments d'affection que vous manifestez ?
R. — Ils datent de M. et M<sup>me</sup> d'Etchegoyen, père et mère de M<sup>me</sup> de Sers.

D. — M. d'Etchegoyen vous a-t-il rendu des services ?
R. — M. d'Etchegoyen a toujours fait pour moi tout ce qu'il était possible de faire.

D. — Etes-vous bien sûr que M<sup>me</sup> de Sers soit la fille de M. d'Etchegoyen ?
R. — Oui, monsieur.

D. — Cependant vous avez connu M<sup>me</sup> de Paraza ?
R. — Oui, monsieur, c'était la mère de M<sup>me</sup> de Sers.

D. — Possédez-vous une terre dans la Touraine ?
R. — Oui, monsieur, près de Tours.

D. — Comment s'appelle cette propriété ?
R. — Elle s'appelle la Perrée.

D. — Savez-vous dans quelle commune ?
R. — Je ne me rappelle pas exactement le nom de la commune.

D. — Y a-t-il longtemps que vous avez acheté cette propriété ?
R. — Oui, monsieur, un certain nombre d'années.

D. — De qui l'avez-vous achetée ?
R. — Je l'ai achetée d'une de mes tantes.

saing qui est décédée depuis dix-huit ans, et qui n'avait jamais possédé de propriétés en Touraine.

Comment ne pas connaitre approximativement les revenus d'une propriété consistant en *bois* et en *ferme*? Cela prouve qu'il ne connait plus ses affaires et qu'il ne peut les diriger.

D. — Pourriez-vous me dire quel est le revenu approximati de cette propriété?
R. — Je ne puis le dire exactement, il faudrait que j'eusse mes renseignements.

D. — En quoi consiste-t-elle?
R. — En bois et en ferme.

D. — Qu'est-ce qui administre cette propriété?
R. — C'est moi, d'abord, et ensuite j'ai donné à M. de Sers une procuration pour l'administrer, et je m'en rapporte à lui.

D. — Mais vous devez avoir, sur les lieux, un régisseur?
R. — Oui, monsieur.

D. — Comment s'appelle-t-il?
R. — Il s'appelle Chereau.

D. — Cette propriété a-t-elle été hypothéquée par vous à la suite d'emprunts?
R. — Jamais, monsieur.

D. — Vous possédez plusieurs propriétés près de Bordeaux?
R. — Oui, monsieur.

Il possède non pas *un* domaine, mais *quatre* domaines, commune de Cradignan : 1° le domaine appelé Roux qui était indivis entre lui, son frère et sa sœur ; 2° le domaine appelé Barthès; 3° le domaine appelé Malartic ; 4° le domaine appelé Lambert.

D. — Pourriez-vous nous dire quels sont les noms des propriétés que vous possédez?
R. — Je possède un domaine à Gradignan, que j'ai eu de ma mère.

D. — Possédez-vous d'autres domaines?
R. — Je possède un autre domaine situé à Léognan.

Il ne tient pas le domaine de *Léognan* de *sa mère*; il l'a acquis de M. Brown. C'est sur ce domaine que demeure M^lle Roux.

D. — De qui tenez-vous ce bien?
R. — De ma mère.

Il s'est rendu adjudicataire du domaine appelé Roux qui a été licité ; mais le prix n'a pas été payé, il doit à son frère et à sa sœur la part leur revenant. Tout est resté en commun.

D. — Ne possédez-vous pas un domaine indivis avec vos frère et sœur?
R. — Oui, monsieur, mais tout cela a été partagé.

Il possède dans la commune de Villeneuve : 1° le domaine appelé *Cave*; 2° le domaine appelé *Le Grand* ;

D. — Ne possédez-vous pas une propriété appelé Cave, sise commune de Villenave?
R. — Je ne me rappelle pas de propriété appelée Cave ou Cane, mais il est possible que je possède certaine propriété sur la commune de Villonave.

3° le domaine appelé *Pauge*. Il possède aussi partie de la propriété du général Dufour, commune de Caudajac. Comment ne se souvient-il pas de son domaine de Cave dont les vins blancs sont très-renommés et qui lui donnent les revenus les plus importants?

Il a acheté le domaine appelé *Lambert* des deux demoiselles Lambert, moyennant 8,000 fr., payés comptant et une rente viagère de 1,600 fr. Par le décès de l'une des demoiselles Lambert, cette rente est réduite aujourd'hui à 1,200 fr., qui sont payés à la survivante; il n'a donc pas payé cette propriété comptant.

Ces propriétés n'ont jamais été gérées par sa *mère*. Son frère *Frédéric* les a gérées jusqu'à sa mort arrivée en 1860, en vertu de sa *procuration*. Jamais le nommé *Pierrille* n'a géré ces propriétés; son homme d'affaires s'appelle *Mathieu Seurin*.

Sa sœur Henriette habite le domaine de *Léognan* depuis plus de trente-quatre ans. Elle ne l'a jamais quitté: c'est là qu'elle a toujours reçu son frère. Cette réponse seule suffirait pour établir que Roux n'a plus sa raison.

En 1861, il dressa lui-même le plan du tombeau; il choisit et paya le terrain, il paya la construction du tombeau : il a réuni toute sa famille et a

D. — Avez-vous acheté quelque chose des demoiselles Lambert?
R. — Je me rappelle très-bien avoir acheté un domaine des demoiselles Lambert, et je me rappelle, autant que possible, l'avoir payé comptant, bien qu'elles me l'aient vendu très-cher.

D. — Pouvez-vous nous dire, à peu près, ce que valent toutes les propriétés que vous possédez dans l'arrondissement de Bordeaux?
R. — Je ne peux dire exactement le chiffre, mais je sais que cela a de la valeur.

D. — En quoi consistent ces propriétés?
R. — Elles consistent principalement en vignes et en terre, et en bois aussi.

D. — Qui est-ce qui administre pour vous toutes ces propriétés?
R. — C'est ma mère, quand elle vivait, depuis c'est un nommé Pérille.

D. — Savez-vous combien ces bien vous rapportent?
R. — Ça ne rapporte pas énormément, car les vignes sont d'un bien faible produit.

D. — Il paraît constant que votre sœur Henriette a toujours demeuré sur le domaine de Léognan?
R. — Je ne sais pas si ma sœur habitait ce domaine, mais, dans tous les cas, ce n'est pas avec mon consentement.

D. — Quel est le nom de famille de Mᵐᵉ Chassaing?
R. — C'était une demoiselle Balan.

D. — Je reviens sur l'époque à laquelle vous avez perdu votre frère; à cette époque, n'avez-vous pas fait construire un tombeau de famille?
R. — Je me rappelle bien avoir fait construire le tombeau dont vous me parlez, mais je ne crois pas avoir assisté aux cérémonies; du reste, c'est ma mère qui avait ordonné ce tombeau.

7

assisté en personne avec elle à la translation dans le tombeau des restes mortels de sa mère et de son frère. *Sa mère n'avait pu commander ce tombeau puisqu'elle est morte en 1846.*

M. Roux a eu, avec M. Roche, un très grave procès au sujet d'une participation établie entre eux.

Ils avaient fait ensemble des opérations sur des valeurs industrielles et avaient fait construire en commun une maison rue Saint-Arnaud. M. Roche a provoqué la vente sur licitation de cette maison,

Et M. Roux s'est rendu adjudicataire sur licitation en 1856 au prix de *695,000 fr.*

Lors de ce procès, *M. Philippe Dupin* n'existait plus, il était mort depuis longtemps.

Comment est-il possible qu'il ne se rappelle pas le nom de son avoué?

M⁰ Dupin était mort dix ans avant ce procès, c'est M⁰ Dufaure qui l'a plaidé.

La maison était indivise entre M. Roux et M. Roche.

Elle a été acquise par M. Roux sur licitation aux criées du Tribunal de la Seine.

L'adjudication est récente.

---

D. — Avez-vous connu un M. Roche, et avez-vous eu des procès avec lui?
R. — J'ai en effet eu des procès avec M. Roche, c'était à l'occasion d'actions de chemin de fer.

D. — Quel a été votre avocat dans cette circonstance?
R. — C'était M. Philippe Dupin.

D. — Quel était le nom de votre avoué?
R. — Son nom ne me revient pas, seulement il habite rue Louis-le-Grand, et c'est encore mon avoué.

D. — N'avez-vous pas eu des rapports avec un autre avocat dans votre procès Roche?
R. — Je ne me rappelle pas.

D. — Ne confondez-vous pas M. Dufaure avec M. Dupin, qui est mort il y a plusieurs années?
R. — Je connais beaucoup M. Dufaure, mais c'est M. Dupin qui a plaidé pour moi, et je ne le crois pas mort.

D. — La maison que vous possédiez n'a-t-elle pas été acquise par vous à la barre du Tribunal de Paris, et ne la possédiez-vous pas en communauté avec M. Roche?
R. — Non, monsieur, il y a longtemps que je possède cette maison.

D. — N'étiez-vous pas lié avec un Anglais nommé M. Beavau (Beviane)?
R. — Oui, monsieur, j'étais très-lié et je le suis encore avec ce monsieur.

Mᵉ Beavan est allé le voir à Madon, il y a cinq ou six mois.

Ne recevant aucune réponse au sujet de l'affaire Sauvage, M. Beavan s'est rendu à Madon en novembre 1863, et s'est fait donner une procuration.

Le square d'Orléans a été vendu à l'audience des criées de la Seine, à la parfaite connaissance de M. Roux, il y a plus de six ans.

Idée fixe.

MM. de Larac ont une position des plus modestes.

Il n'y a pas un seul tableau de ce maître.

Il en avait qui étaient attribués à Murillo et à Greuze et dont il était très-fier.

---

D. — Y a-t-i] longtemps que vous ne l'avez vu?
R. — Il y a assez longtemps, peut-être un an.

D. — Etes-vous en correspondance avec lui ?
R. — Oui, monsieur.

D. — Savez-vous si ce monsieur possédait, à Paris, des propriétés?
R. — Oui, monsieur, il en possédait une très-considérable, qu'on appelle le square d'Orléans.

D. — Lui avez-vous été utile dans cette circonstance, en l'aidant à organiser la gestion de son immeuble ?
R. — Oui, monsieur.

D. — Savez-vous s'il est encore propriétaire du square d'Orléans?
R. — Je le crois.

D. — N'étiez-vous pas lié avec une famille Walter Boyd ?
R. — Oui, monsieur, et je sais qu'il y a eu des arrangements entre cette famille et M. Beavan.

D. — Ne connaissiez-vous pas à Paris deux frères nommés de Laraque, quelles étaient leurs professions ?
R. — Je les connaissais, c'étaient deux officiers, ils demeuraient au square d'Orléans, à une époque où ils étaient administrateurs dudit square pour le compte de M. Beavan.

D. — Avez-vous été chargé de liquider pour eux une indemnité?
R. — Oui, monsieur, ils étaient colons de Saint-Domingue, et ils ont parfaitement réussi.

D. — Vous aviez dans votre domicile de Paris une collection de tableaux ?
R. — Oui, monsieur, et je l'ai encore.

D. — Pourriez-vous me dire les noms de quelques-uns des peintres de ces tableaux ?
R. — J'en possède notamment un très-remarquable de Léonard de Vinci.

D. — Connaissez-vous M. Desille ?
R. — Oui, monsieur, je connais M. Desille Bernard qui est employé au chemin de fer de l'Est.

D. — Connaissez-vous M. Fabre, et qu'est-il ?
R. — C'est également un employé supérieur de la même Compagnie avec lequel j'étais et je suis encore très-lié.

D. — L'aviez-vous chargé de quelques-unes de vos affaires ?
R. — C'est un excellent homme qui est allé visiter ma propriété de la Perrée avec moi, et ce vers l'automne dernier.

D. — Connaissez-vous M. Giraud?
R. — C'est également un employé du chemin de fer de l'Est, et je le vois de temps en temps ici, car son père habite les environs.

D. — Combien payez-vous de loyer pour l'appartement que vous occupez dans la maison n° 5, rue Caumartin, à Paris ?
R. — Environ 7,000 francs.

D. — Aviez-vous, à Paris, des chevaux et des voitures ?
R. — Non, monsieur.

D. — Aviez-vous des dettes ?
R. — Dieu, merci, non.

Avant de clore cet interrogatoire, qui a duré plus de trois heures, nous avons demandé à M. Roux s'il avait quelques observations à nous faire.

. M. Roux s'est alors adressé à nous et nous a prié avec instance de consigner sa déclaration que son intention la plus formelle est et a toujours été depuis très longtemps que M$^{me}$ de Sers eût tout ce qu'il possédait, sans aucune exception; qu'à son défaut ce fût M. de Sers ; qu'il avait depuis longtemps fait un testament en ce sens, et qu'aujourd'hui même il en remettrait copie à M. de Sers.

Il a renouvelé cette déclaration à plusieurs reprises avec beaucoup d'énergie et dans des termes qui annonçaient une volonté parfaitement réfléchie.

Et nous avons clos, etc.

M$^e$ SENARD,  M$^e$ DEROULÈDE,
*Avocat plaidant*  *Avoué.*

49106 — Renou et Maulde, rue de Rivoli, 144

www.ingramcontent.com/pod-product-compliance
Lightning Source LLC
Chambersburg PA
CBHW071327200326
41520CB00013B/2892